陳雪

當我成為我們

愛與關係的三十六種可能

目次

II 與愛情面對面

III 下一階段更美好

終章 愛的低語

代序

我置身於一座寬大的露台，四周的景色寬闊的藍天與飄盪的白雲，遠方的高速公路上有許多車輛在跑，我沿著露台往前走，發現這露台連接著一個房間，打開房門，那兒竟是我單身時住了快十年的小套房。

房間裡的擺設與記憶裡大致相同，但沙發、書桌、衣櫃都變成白色的，一樣的大片窗景，窗前一張小桌，我四下走逛，結婚後我搬離小屋，把房子出租給別人，如今回到這裡，書架上滿滿的書，牆邊的CD櫃，音響架，甚至還有我一直想要的電影海報。

躺在沙發上像從前那樣發呆，想著長篇小說的內容，這張沙發幫助我寫過好多本長篇，我喜歡這間位於高樓的小屋，喜愛那隨意望去白天黑夜變換不同景色的窗景，好懷念這裡的一切啊，看到小屋還是好好地，甚至變得更漂亮了，我感到安心，我想著，說不定以後可以常常回來這裡，當作自己的祕密基地。但我突然想起，阿早呢？我回到套房來，那阿早住哪？我起身四下搜尋，屋裡沒有他的身影，我打開房門走出去，發現打開一扇門，還有另一扇門，怎樣都走不出去，我拿出手機想打電話給阿早，卻怎樣都無法撥出正確的號碼，手機螢幕上的數字缺少了2，我無論如何都找不到那個2，每次按下2，就會變成1。

混亂中我醒過來了，正如過往一樣，我又夢見了奇怪的屋子，夢見自己一個人置身在奇怪的地方，起初是驚喜，而後總會因為突然想起阿早而感到驚慌，這世界上一定散落著許多許多被我夢過的房子，那些夢境裡的房子模樣我幾乎都牢記，夢裡總是突然想起「我已經結婚了，我跟阿早生活在一起啊，我得去找他」，然後就會變成撥不通的電話，找不到出路的迷宮。

醒來後還是深夜，我望著阿早的背，他仍安穩地睡著，貓咪也在房間沙發上睡著，我伸手從背後抱住了他，靜靜靠在他背上，為什麼總是做這樣的夢呢？我心裡還有什麼疑懼嗎？我在想念著獨居的生活嗎？後來的我不再去深思夢的隱喻，而是當作看一場電影般讓它過去。

多年前，我們重逢後第一次決定同居，是我主動要求要同居，阿早答應後我卻又反悔，阿早很生氣，有天夜裡我在套房的地板上哭泣，我害怕離開這個小屋，我想起過去曾經幾次的同居，最後都是我倉皇離開，分開時非常痛苦，後來我決定買下這個屋子，無論跟誰在一起，我都要一個人住，有這個屋子，不管跟誰在一起，就再也不用在黑夜裡逃跑。

「難道你要永遠住在那個套房裡嗎？」阿早問我。

我並不是主動想要一個人生活，而是我不知道如何跟別人，跟所愛的人生活在一起，我談過那麼多戀愛，每次走到一起生活，就會進入災難。我害怕離開這個小屋，我也害怕我永遠離不開這裡。

我跟阿早的第一次同居也是在我無法承受的情況下結束的。隔了一年多，我們才又一起生活，直到現在。

夢裡那個小屋提醒著我，獨立或獨居，應該是主動的選擇，是能力所及可以做到的事，而不是因為害怕與他人相處，逃避的結果。

我非常慶幸我再也沒有逃跑了。

在這九年的相處裡，一年一年過去，生命的河繼續流動，經過了很多磨合、折衝、協商、爭吵、適應，我發現那才是愛情的細節，愛情不只是墜入情網，承諾相守，更是兩個人如何創造一份屬於他們的關係，是一直在相互改變的、彼此影響的過程。

當我變成我們，這一句簡單的話，可以非常浪漫，也可以非常殘酷，但無論是浪漫或殘酷，或者充滿諸多吃喝拉撒、鍋碗瓢盆的瑣事，越是深入細節，越是誠實面對，這份愛的關係就越深刻，它講述的不是兩個如何順利地一生相守，而是這兩個人即使面對困難，也沒有輕易放棄。

年少的時候，愛人問我，「為什麼跟我在一起？」我笑笑說：「因為喜歡你啊！」他說：「喜歡就在一起，那不喜歡了呢？」「為什麼我會不喜歡你？」我非常錯愕，根本無法回答。

現在我終於知道了，只有喜歡是無法讓兩人好好在一起的，喜歡只是一種情緒，會隨時起伏變化。要使我變成我們，要把愛情變成關係，除了喜歡，還要加上許多實踐愛的方式。

現在我們正在經歷的愛情，是已經走過迷戀、狂愛、挫折、失落，是看到一個人身上你喜歡與不喜歡的部分，認識到他與自己許多想像得到與想像不到的面向，是經歷許多快樂與不快樂的場景，是你曾以為再也走不下去了，卻也還有股力量讓你振作起來，是你以為你們根本不適合，但因為兩個人都沒有放棄，終於度過了那個不合適，是眼前這個人，你可以明確說出喜歡他什麼、不喜歡他什麼，你知道他的優點、缺點，但你全部都接受。你們穿越了熱戀，進入了真實的相處，時間曾經磨損你們的愛，但時間也帶來了修復與成長。

時間為戀人帶來的，絕對不會只有熟悉之後的「習慣」「依戀」甚至變成「習以為常」與「日漸衰敗」，深入這些生活細節之中，這些日復一日再熟悉不過，可能的重複之中，有些很細微的轉動，逐漸改變著我們，因為這些每天日常發生的，雖然重複，卻並不陳舊，倘若我們總是牢記著這些牽手、擁抱、凝望、陪伴，不但是相處，更是構築共同生活重要的細節。每一次的微調都代表著更深入對方的生命。

要在生活裡努力將愛實踐。

溫柔相待。

為什麼感覺碰到瓶頸？
為什麼當初美好的感受不再？
為何無法繼續感覺到相愛？

真誠勇敢地面對彼此的關係，面對這個你曾經認真喜愛的人。
而且無論如何，都不阻擋對方自由行走。

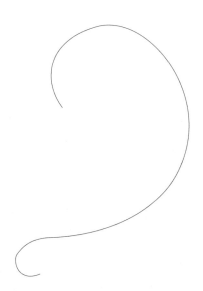

引子

愛情階段論

永遠保持可以喊停的自由

我們從小缺乏感情教育，對於愛情一無所知，全憑直覺反應。當學生時，大人不希望我們談戀愛，一旦大學畢業，父母卻又催促要我們快點結婚，這等於像是小孩學開大車，第二天就要上高速公路。我總是對讀者說，過去沒有人教導我們的，要自己補習進修，對我來說，首先要修習的，就是「愛情階段論」。

所謂的愛情階段論，是理解愛情關係跟其他所有人際關係一樣，愛情也是兩人互動的結果，我們可以理解友誼的起伏、生滅，會由陌生到熟悉，也可能從親密變得疏離，卻很難接受愛情也有如此的變化。

我最敬重的一對戀人，是我的老師與師母，他們在大學裡相識，交往三年後結婚，結婚三年後才生孩子，他們的婚姻誓言是「無論如何都不阻擋對方自由行走的權利」，這個「讓對方自由」的心願與意志，支持了他們近五十年的婚姻，至今他們相知相惜，彼此敬重，各有空間，卻又無話不說，他們是最好的伴侶、戀人、朋友，也是對方的老師。

愛情一開始，只是彼此的好感，當你愛上一個人，對方也愛你，直到你們相約進入「交往」，進入了親密關係第一階段，有些人會在交往前多花時間認識對方，有些人因為愛意太濃、一下子就進入關係，但無妨，進入親密關係了，是不是戀人，有沒有決心要成為情侶，要彼此確認，很多人都以為只要發生親密關係，就等於是「變成情侶」，卻不知道有些人身體先行，其實心理並沒有作好準備，這個時候該確認的是「彼此都是單身嗎？」「希望進入一對一的關係嗎？」「想要成為有權利義務關係的戀人嗎？」這些問題都很重要，這是交往的「約定」，否則你自以為是對方的女朋友，別人卻可能還只把你當作曖昧對象，你以為兩人要天長地久，他卻可能還有其他女友，甚至已經結婚。一段健康的愛情關係，奠基於健康的開始，我們偶爾會遇到「相見恨晚的人」，但最好還是等到對方把自己另外的關係處理好，再與他進入「交往」。

確認要交往了，就要進入戀人的相互認識，在這個階段，是彼此了解、深入、並且以戀人的方式開始互動，你會非常驚訝於自己與對方在戀愛時幾乎變了一個人，以往你不在意的開始在意了，你以為自己永遠不會做的事開始會做了，某些不曾有過的情緒出現了，這些都很正常，然而意識到了，可以進一步去修正，比如占有欲、嫉妒感、甚至是猜疑心、患得患失的心情，這些因為愛情而生的情緒，就像是戀人掀開了我們心中被隱藏的人格，我們要做的是去面對那些情緒，並且進一步了解自己、修正或完善自己，這需要時間，也需要彼此幫助。對方也是一樣，進入戀愛後，你可能會因為關係的親密看到他許多你沒見過的面貌，有些會讓你喜愛，有些則可能令你不快、甚至反感，在這個階段，相互認識也意味著可以再次評估「要不要進一步更深入的交往」，如要不要進入同居，是否該介紹雙方的親友相識。

當第一階段的交往發現某些致命的問題，如當初那種石破天驚的狂愛突然變得非常平淡，或者因為對方某些特質並不是你所認同或喜愛的，或你以為的墜入情網，只是一兩次浪漫的情緒，「恍然大悟」或「感覺不對」，在這個階段是很正常的，但我們卻可能因為不好意思、不敢面對、或者覺得自己是不是太過自私而不敢表達，戀人交往前最好都先約定，「永遠都保持可以喊停的自由」。愛情是雙方出於自願的感情關係，倘若有一方不願意了，沒有逼迫別人留下的權利。然而，這不意味著可以「隨便玩玩」，當我們進入戀愛，即是進入一種「相約互相善待」的關係，不是因為感覺對了就交往，感覺不對就分手，要好好地開始，也要好好地結束，每一個階段都鄭重以待，當你們約定好無論如何都好聚好散，無論如何都誠懇誠實相待，發現任何感情上的變化，都據實以告，那麼即使無法繼續，也會是妥善地陪伴到對方能夠離開，認真交往的戀人，不會用「突然失聯」來表示分手，至少要好好把話說清楚。倘若在這個階段發現對方是「恐怖情人」，好聚好散不可能，適當地保護自己，絕不要因為對方的威脅勒索就繼續留在關係裡。這個階段你會發現很多事，對方如何待人接物、他如何處理壓力與危機、是否有暴力傾向、有沒有複雜的情感關係、是否陷入危及彼此的惡習，不要在這個階段就跟對方有太多複雜的金錢關係，不要一股腦以為你可以拯救對方，這時只是愛情的小學堂，不要一次就把全身心投進去燃燒。

因為我們是透過戀愛而認識對方、也同時認識自己，我們可以接受自己與對方喊停，但也希望彼此在喊停時不要那麼無情，兩人開誠布公談談這些日子的交往，好的、不好的、快樂的、不快樂的，都仔細分享，為何不能、不願進入下一個階段？為什麼感覺碰到瓶頸？為什麼當初美好的感受不再？為何無法繼續感覺到相愛？過程中有太多可能，當你們認真討論，卻不以情緒威脅、用眼淚逼迫，而是真誠勇敢地面對彼此的關係，面對這個你曾經認真喜愛的人，順利的話，可以繼續走下去，就進入下一個階段，倘若自己或對方不願意或沒能力進入下一個階段，那麼，好好談清楚，不要感覺被傷害、被拋棄，不要因為沒有繼續下去而生恨、懷疑自己、甚至心生毀滅，不要以為「我已經愛了叫我怎麼不愛」，或者「你怎麼可以說不愛就不愛」，我覺得除非一開始就是弄錯了，只是浪漫還不是愛，否則無法進入下一階段不代表就不是真正愛過，那些愛存在過，甚至這時候也還在，只是基於各種原因，無法繼續「實踐在關係裡」，我們是可以還愛著一個人時，也願意成全他想離開的心意。人不是總要弄到彼此怨恨、才能夠分手。

分手，只是關係改變，保留愛的初心，學習不自私地放掉自己鍾愛的人，是一種愛的能力。

分手不是世界末日，那只是大家走上了不同的道路，哭一哭，喊一喊，知道愛情的路是艱難的學習，對了、錯了、誰付出得多、誰付出得少，都難以計數，最重要的是，我沒有辜負自己當初愛你的心，我願意在這個階段的愛情裡學會堅強，因為我知道，愛的路很長，我們還會遭遇很多人，謝謝你曾經相陪一段，我要讓這段回憶成為愛情之道上最珍貴的第一課。當你帶著這樣珍重的心情去看待分離，分離就只是難過、傷心、遺憾，是會痊癒的傷，而不是重大的挫折、不是毀天滅地的打擊，你還有機會去愛，而且可以越愛越堅強。

I 陷在愛裡的自己

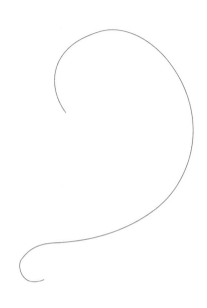

愛不是鴉片，不能用來依賴

無論被多麼仔細地呵護、照顧，都得提醒自己，這不能變成習慣，更不能以為這就是愛。

你說他在你最脆弱的時候出現，彷彿天使般拯救了你，然而你的狀況一直沒有好起來，到後來連他也失去了耐性，無法陪在你身邊，不能再繼續戀人關係，「我很後悔沒有好好對待他，我真的好愛他，不想失去他，我該怎麼辦？」

我們時常在即將失去的瞬間，突然感受到「自己曾經如何地被疼愛著，照顧著」，想到真的要失去那個如此愛我的人，突然感到恐慌、懊悔、悲傷，為什麼以前沒有好好珍惜？為什麼自己還是不爭氣？你想著願意用任何條件去交換，只願他仍在你身旁。

他問你：「你愛我什麼呢？」「你真的在愛我嗎？」

你是否也這樣問過自己。

很多時候，我們害怕的是「失去」，令人痛苦的，是失去那份愛，是感到「再也不會有人對我那麼好了」，好像愛情是某個人親手為我們帶來的禮物，一旦失去他，那份愛就失去了。被愛著、被照顧著的時候，自己感到安心，可這份安心卻沒有讓自己強大起來，反而落入了一種被照顧的習慣裡，你是那麼習慣他會叫你起床，會催促你去上班，在你沒動力出門的時候，會買東西給你吃，帶你出去逛逛，所有被憂鬱、沮喪削弱的力量，有他在，什麼事都可以完成，心裡有依靠，不再感到害怕。

然而，為什麼他陪伴了你這麼久，你還是沒有好起來？為什麼被認真愛了那麼久，換得的只是面臨失去時更強烈的恐懼，落入比原先更恐怖的孤獨裡？

我們時常分不清楚自己正在戀愛，或者是在享受被愛的感覺，我們不知道自己想要的是去愛人，還是想要擁有這份被愛的快樂，以至於即使被強烈地愛著，內心依然空洞，那些愛意像永遠填不滿似地，一下子就流失，你越要越多，而對方慢慢地感到透支，你以為只要好好被愛著，自己就會好起來了，但為什麼感覺還是沒有改變？

真正能產生互動、帶給彼此力量與成長的，不是單向的愛，不是某一個人為你做牛做馬，為你傾盡全力地付出，不是在軟弱的時候有所依靠，不是無論如何他都會保護你，這種「付出型的愛」。浪漫的愛只是一個觸媒，觸動兩個人彼此相互靠近，願意用更多心思與力氣認識、了解、陪伴對方，一個人給予你愛，或者給予你愛的告白與承諾，並不意味著他就此擔負起了你這個人「所有的責任」，也不代表你的喜怒哀樂他都得概括承受，當我們開始戀愛，最忌諱的就是自認為彼此擁有，而這份擁有的表徵，就是「從此可以把一切煩惱都拋給對方」，「可以安心地把生命的重量都讓他來承擔」。

兩個人要能走到「無論疾病或貧窮，不管順境或逆境，我都願意永遠陪伴你、支持你、保護你」，這並非一朝一夕，單純的浪漫宣言，這只是一種意願，也得靠兩個人的努力才有辦法支持下去，而且即使對方作了這樣的承諾，人依然得認清自己是自己的主人，人生的問題還是要靠自己來解決。

面臨失去的痛苦，與其感到懊悔、遺憾，想要用一切努力挽回對方，我認為這時該努力的，是好好回顧你們的交往，分辨這段時間的相處裡你自己付出了什麼，有些什麼是可以改變的，以及，到底是什麼事削弱了你的力量，你是如何變得傾斜、歪倒、依靠在他身上，使得他承受過多的壓力，讓原本擁有愛的能力，逐漸消失了。

愛的心意可能還在，但長時間單方面的付出，卻足以耗損一個人的能量，當你只是享受著被愛的感覺，當你沒有在這個互動的過程裡堅強起來，甚至變得更加退縮、習慣，以為只要有他保護，什麼都可以解決，事實上卻是被照顧得越好，越變得軟弱，等到他要離開時，所有問題一次爆發出來，你驚慌失措，感到幾乎無法存活。

一個人愛你，在你遇到困難時幫助你，陪伴你，這只是過程，必須看作是階段性的支持，而不是長久的狀態，你得在他的協助下，恢復到可以付出、能夠自立、有能力去愛人，這份愛才不會枯竭。無論被多麼仔細地呵護、照顧，都得提醒自己，這不能變成習慣，更不能以為這就是愛，愛有千百種表達方式，照顧、寵溺、呵護，只是其中的幾種方式，倘若你要的只是這些，那麼你可能根本沒有能力去愛這個人，你只是在享受被愛、只是依賴著這份愛，而這種愛，對身心無益，對成長無用，一旦被收走，可能讓你跌得更深。

愛不是鴉片，不能用來依賴，更不是改變生命所有問題的救星，另一個人給予你的愛，更多時候是召喚或邀請你一起參與「相互學習愛的過程」，兩個人努力一起創造一段感情關係，這總是需要互動、要兩個人都參與其中的。

我想，這次你可能無法挽回他，如果你不做根本的改變，挽回了也沒有用，與其悲傷懊惱後悔，不如深深感謝對方曾經努力過，謝謝他給予你的所有。在這最後相處的時刻，不是問他「還願不願意為你努力」「難道不能夠再試試看嗎？」而是從自己內心深處發掘你對他真實的感受，除去他的付出、努力，你是如何看待這個人，你可以為他做什麼，即使分手了，他在你心中除了作為一個付出者，還具備什麼意義？從這段關係裡，你學習到什麼？是否多認識了自己，也多理解了對方？過往的時光，除了即將失去的悲傷，能否帶給你其他意義，是在分手後依然存在的？將這份意義提取出來，你可以表達自己還想努力的意願，但是要真正地知道自己可以去愛他，而不是只想要再度擁有那份愛。

即使你曾經依賴，即使你在上一段關係沒有好好地成長，即使你曾經只是將他當成浮木、避風港，以至於失去了好好相處、認真對待的機會，這些都沒有關係，認清那些錯誤與缺失，認清自己沒有做到的，期待自己在下一段關係裡可以做得更好，提醒自己，學會愛人永遠比被愛更重要，愛情是互動、互相支持的、一份美好的愛應該會讓你感到有力量，即使失去了也不會毀滅，你所能為他做的，不是痛哭、懊惱、自暴自棄，而是讓他知道你會振作起來，到最後他知道自己的付出沒有白費，即使你們不能在一起，那份愛還是帶給了你美好的事物，帶給你走下去的力量。

為什麼我為你付出所有，你卻辜負我

如何將愛的心意落實成具體的行動，每一個動作，都值得深思，而不是只憑感覺，只看心情，恣意地去做。

愛情裡最常犯的錯誤，就是總以為可以幫助所愛的人解除痛苦，所有付出都是一廂情願，自以為是，「不忍心」「捨不得」的心態完全壓過「我該付出什麼」「我能夠給予什麼」的衡量。看他需要什麼幫助就努力給予幫助，以為自己「無私」的付出就是一種愛，然而過度透支自己，體力勞力時間金錢，自己精疲力竭、縮衣節食也要完成對方的夢想，到後來卻變成不斷檢視對方有沒有在「完成夢想」，有沒有「值得你的犧牲」。起先是無怨無悔的付出，感情生變時，就變成「為什麼我為你付出所有，你卻辜負我」的泣訴。你努力付出所有，最後變得恨天恨地，內心破碎，不能再愛。

人很少理解到「付出愛」這個過程也是要對方允許的、對方能夠接受的，你所有的作為都會對彼此造成影響，並不是「我愛你」，你所做的事就都是對的。

一味的關心、付出並不意味著就是愛，有時也僅是因為你的個性容易焦慮，或者你想要掌握一切（控制狂），或你在付出與愛的過程裡享受到優越感（你看我什麼都幫你想到了），有時是因為付出讓你有安全感（因為至少有做點什麼），或者因為同理心失衡，無法準確掌握人我關係，把對方的事都當作自己的責任來承擔。

很多時候過度細心、細膩的體貼與付出，無微不至的關心跟照顧，大量金錢與時間的不平等付出，容易演變成讓彼此都變得依賴的狀態，其結果是讓關係變得不平等、把對方弱化，甚至進一步控制，甚或使對方習於受照顧，因而變得軟弱。

而自己也容易在一逕的付出中累積期望、渴望回報，或者造成彼此不自覺的關係歪斜。並且在付出的過程也可能造就自己的磨損，倘若那是超過你所能負擔的付出。你的磨損必然也會帶來關係的變質。

如何去愛，用什麼方式愛，如何將愛的心意落實成具體的行動，每一個動作，都值得深思，而不是只憑感覺，只看心情，恣意地去做。

直到現在我仍時常提醒自己，深刻地愛，但有所節制，時時檢視自己的心態，不能僅是因自己想要去愛就去愛，不是因為有能力付出我就付出，不能僅想著我可以怎樣去愛，而是思考對方需要如何的愛，要想的是我付出的是我知道對關係最好、對彼此最好的方式，我知道我的付出不會使我盲目，也不會讓對方軟弱，不為求得回報，不只是想讓自己安心，更不求讓對方感動而更愛我，不當作是一種投資而努力，要無私地愛，卻不是毫無判斷地付出。

把能力託付在最應當寄託的地方，讓這份付出無論結果如何彼此都不會悔恨，付出前深思，付出後忘卻，當你付出得行雲流水時，還要學習放手，因為不能讓這份愛變成習慣。

「愛之以德」始終是最艱難、卻也最重要的事。

愛的一切得從自己的內心出發

愛侶是在人生艱難的道路上攜伴而行，自己得時時警醒，我必得使自己不空虛、不匱乏，才有實在的愛可以付出，真正地愛到對方。

你說感覺自己有滿滿的愛人的能力，可以為愛人付出一切，盡其所有，但卻沒辦法善待自己，好好愛自己。

但在我來說，無法善待自己、好好愛自己，當沒有一個對象可以付出愛的時候，自己就感到空洞、茫然甚至失落，這樣的愛更像是投射，是一種單向的付出，像是為了躲避對於自己存在的問題而付出的努力，乍看之下或許像是很會愛人，但深究起來，自己是脆弱的，能夠付出的比較多還是停留在「照顧」「給予」這些比較表象的事物，像是自己無法發出光芒，必須找到光源，而對方成為你所有生活的動力、目標，以及快樂悲傷的泉源，這樣的愛情容易出現問題。

當人無法處理自己的問題，就傾向於投入一份愛情，轉移掉這種「面對自己」時的恐慌與痛苦，把心力都放在「努力去愛人」，並無法解決「為何我不愛自己」的問題，甚至可能因為如此，當失去所愛，當所愛的人令我們失望，內心的空洞與匱乏會更加倍地襲擊，以為「沒有要求回報」的付出，會變成「為什麼傷害我」「為何背叛我」「我一定不值得被愛」等等的後座力，又將自己推向「過去一再重複的痛苦」。

投入一份戀愛，並不是為了讓我們轉移注意力、容易得到成就感，只是用力去愛，努力去給予，並不代表就有能力愛人，真正的愛是從自己內心生長，慢慢擴散出去的，不僅是買東西給對方，噓寒問暖，製造驚喜，為對方而活，而是你先從自己內在開始修補自己，為了做一個獨立、自主、自信的人，也為了支持協助對方的獨立、自主、自信，適當地付出與給予。更好的狀況是，你們彼此都知道各自還有缺失，但卻不會因此陷溺、放縱，而是在還有缺失，還不夠完整，還沒那麼健康的情況下，有所節制地，不是為了「安全感」而付出，不是為了只是去付出比較容易而一味地付出，而對方也不會為了貪圖寵愛而接受盲目的照顧。

愛侶是在人生艱難的道路上攜伴而行，自己得時時警醒，我必得使自己不空虛、不匱乏，才有實在的愛可以付出，真正地愛到對方，並且在不論多長多短，結局如何的愛戀過程裡，避免過去一再重複的錯誤，從這個真實相處、相愛的過程裡，感受到愛的存在不只是一些表面的浪漫，不只是看起來像是情人的互動，而更多時候，你們是一起在同時面對著自己過去生命裡的困頓、失落、挫折，並且透過一起努力、透過相處相伴，一點一滴地感受到，「愛」到底是怎麼回事，可能會出現什麼面貌，遭遇什麼心境，這樣的一對愛侶，守護著彼此的靈魂，並且也守護著自己的內心，不再只是一方給予，另一方享受，而是真正地互動，彼此協助、提醒，在只有你們自己可創造出來的愛的路途上，見證你們可以走到多遠，看到了什麼風景。

關於愛的一切得從自己的內心出發。那才是起點。

——他真的就是你非要不可的人？——

有時我們離開一個人，不是因為討厭，而是因為喜愛，因為你知道你們最好的關係並不是成為伴侶。

不知為何，有些人就是你的剋星，你愛上他，在他面前，你就再也成不了自己的主人，好奇怪他的一舉一動總是可以牽動你的情緒，你對他產生占有欲，你被嫉妒折磨得好慘，儘管你知道他不是你可以占有的對象，他靠近你，或遠離你，完全隨他喜好，你是那麼恨自己的無能為力，即使他已經讓你心碎，你還是要為他操心，他來了又去，離開了又回頭，到後來，你甚至都不知道你們這算是什麼關係了，你的自尊喪盡，在朋友面前顏面盡失，分開時，你在朋友面前哭得涕淚縱橫，痛罵他的不是，可他又回頭了，你又覺得他還是那麼好，你還是那麼愛他，只除了「不忠」，天啊，一想到他還是可能會不忠，你就全身發顫，你想到現在的美好可能又會將你推入絕望的深淵，就想放聲大叫，你好像只是等待著那最後的一擊。

安靜的夜裡，你想起過去，最快樂與最痛苦的時刻，一種時空錯亂的感覺又襲上心頭，你不想恨他，也不想失去他，老天爺，難道沒有其他方法，沒有另一種可能，讓我們重來一次？難道跟他在一起，就注定了不幸？

可是他一定也還愛我，否則不可能對我那麼好？但他為什麼就是不願意改變？不肯給我承諾？

或許我已經改變了，我可以不要一對一的關係了，我也不需要他多麼愛我，對我忠實，我就是想要跟他在一起，我現在還太脆弱了，他可以幫助我振作起來。

親愛的，其實我不會因你的反覆責怪你，我也不會嘲笑你的猶豫、你的回頭，因為戀愛無關對錯，也與道德無涉，這是兩個人說好了就可以的事，我想，這一切都只有你自己可以承擔，也只有你自己可以決定，或許他不是不愛你，他只是無法以你想要的方式去愛你，我們不可能用錯誤的方式得到想要的東西，除非你只是想碰運氣。

我不會要你立刻離開他，只是在靜夜裡，在那些不安襲上心頭，或者你再也無法對朋友坦承的時刻，或許你可以安靜下來面對自己，靜靜聆聽自己，觀看自己，你花了好多時間、心力、精神，好不容易才離開這個房間，找到了一個安居的地方，我知道，或許，一個人的夜晚，各種恐怖的心魔會來攪擾，那些讓你無處可逃的恐懼，光是想像就覺得痛苦，或許，你就是期待著再給你們一次機會。

其實你自己可以決斷，他真的就是你非要不可的人嗎？這裡就是你一定要回來的地方嗎？或許他的問題不在於「不忠」，而是他根本不想、也無能維持一種穩定的關係，這不是對錯的問題，你們既已分手過，本來就該重新再協議「目前與將來希望維持什麼樣的關係」。我們是多麼容易以為恢復親密關係代表的就是「決定交往」。

你是否已經調整好自己，能夠打破過去對愛的標準、對關係的想像？你能否不再陷入控制、可以不要再緊抓住他？因你知道，你越是想要控制他，他越可能會因為壓力而逃跑。

我總是相信你可以靠著自己的力量想清楚，並且作出決斷，正如你當初從那一片破敗之中、從絕望裡爬出來那樣，你一定有能力可以自立的，這需要一些時間，需要「戒斷」的過程，戒斷自己心愛的人事物、戒斷一種習慣、安全、已經認定的相處，真的非常困難，我想，目前你要做的，就是先讓自己有這個自覺，如果有能力，就誠實真摯地跟他談一談，別讓自己又落入受害、受傷的境地裡，有時我們離開一個人，不是因為討厭，而是因為喜愛，因為你知道你們最好的關係並不是成為伴侶，你可以變換形式去愛他，這是為了讓彼此將來不要生恨，為了不讓這段感情變成一再重複的夢魘。

誰是誰的剋星，這不是命定的，我們無法決定誰要愛我，誰會對我忠誠，誰將留在我身邊，但我們可以決定如何看待一段感情，可以決定自己想要追求的愛的方向，不需為了某個人而隨意調整，我們必須為自己負責、要守護自己心中最珍貴的價值，無論跟誰在一起，都不要被愛奴役，不要由愛生恨，即使深陷愛中，也要有能力對自己誠實。

這是我們可以為自己做的事。

不要在愛情裡成為工具人

有些人會把戀人當作專屬於自己的「工具人」，好像這樣才是被愛，但實際上一不小心就會變成災難。

與阿早在一起這些年，他許多舉止時常讓我驚訝，比如鮮少甜言蜜語，比如他總是直率指出我的錯誤或問題，他總是就事論事，關係裡他能付出的不吝嗇，但也不超出自己的負擔，他幾乎每天都在向我顯示「如何在愛情裡保有自我」，這對我來說很困難，以前的我就是那種在愛人面前忍不住會為他著想、把自己的需要退到一旁的人，很多時候我心裡有反對的聲音我也不說，有意見也不表達，有需要不明說，總覺得自己能忍就忍，可以調整就調整，能自己做的事都自己做，這造成過去很多段關係失去平衡，最後依然走向分離。與阿早一起，我不想重蹈覆轍，所以我總是觀察他如何做出決斷，如何提出要求，如何拒絕要求，希望自己也能慢慢學會，在愛情裡保持自我。如何在關係裡「就事論事」。

我想過去的自己，曾經為了照顧情人的需要，逐漸失去判斷力。那時交往的對象比我小幾歲，性格也是比較文弱的，我飲食清淡，但他喜歡麻辣鍋，我三餐定時，他時常零食度過一餐，每回一起用餐，要選擇兩個人都可以吃的店就是個難題，為了不讓他難受，我總是配合他，心中隱忍了許多委屈，有回我身體狀況不好，他照例又問我：「中午吃什麼？」我想了一會，突然情緒失控，大聲說著：「你問我想吃什麼，我說了也沒用，因為我不會說出自己想吃的，我會選你想吃的。」他納悶問我為什麼？是啊，為什麼？我心中吶喊著，不就是因為我挑選的地方你都不喜歡也無法忍受嗎？

但這不是單方面的問題。

那段戀愛裡我一直在勉強自己，舉凡飲食、生活作息，甚至相處方式，兩人差異太大，過去的我一定早就放棄了，但那時我希望自己有能力維持一段穩定的關係，所以選擇了「隱忍」「委屈」餵養愛情，卻不知道長期下來卻造成我對他的不滿，以及對自己的嫌惡，我們越來越疏離，到最後甚至連感情生變了我都不知情。

凡事以情人為中心思考，逐漸地失去為自己判斷的能力，這是某一類型好情人（或試圖當好情人）時常出現的問題，從生活起居的照顧，到上下班接送，假日的安排，逐漸擴散到了生活裡點點滴滴的照應，看起來是在照顧對方，但如果愛的能力不夠，這種照顧會凌駕自己的意志，出現勉強自己或者逐漸失去自我的狀態。

那到底該怎麼辦呢？愛一個人不就是要付出嗎？怎麼愛才不會失去自我？

那次分手後，我花很長的時間思考自己出了什麼問題，我的感想是「我太想當一個好人」，我太渴望在這次的關係裡成為一個好情人，那個念頭控制了我，而且我也正好遇上了特別擅長「感情勒索」的對象，我們幾乎是一起助長了這個關係的失衡，也一起走向了愛情的盡頭。

為什麼不能做一個好人？成為好情人不對嗎？

「如何是好的」「怎樣才是好情人」有一個複雜的判斷基準，會隨著個人性格、稟賦、相處的關係、情境而有所調整，心裡保存著善良的念頭當然是好的，但這份善良需要理智加以整合，比如我與當時情人的相處，我不愛吃麻辣鍋，就不該勉強自己去配合，倘若兩人在飲食習慣不同，試著尋找兩個人都有可以吃的食物的店是最好的，但如果總是找不到，試著分開各自吃飯也是一種方式，「一直分開吃飯，還算情人嗎？」他可能會問，我想，重點是這兩個人能不能在交往時找到一種默契，那不是以單方面的隱忍為前提，而是一起找出兩個人都可以接受的共識，這需要更成熟的理解，而不只是單純的體貼。

有些人會把戀人當作專屬於自己的「工具人」，幫忙跑腿、買東西、提東西，排隊、付帳、接送，大大小小的事都要對方來做，好像這樣才是被愛，而另一方也被暗示或自我暗示，就是要做到這些，才表示愛對方，「我要把你當作公主來寵」，這看似一句甜蜜的話，但實際上一不小心就會變成災難。有些人愛使喚人，有另一些人則在這些表現上得到滿足，這本來是你情我願的事，但很多時候，這種工具化的愛情，會逐漸演變成彼此對愛情與親密關係理解的問題，一方總是在付出，另一方則越來越依賴，衡量彼此感情的重點都在物質上，「愛我就應該怎樣怎樣」，時常造成追求期間特別努力，交往之後就性格大變，結婚前百般忍讓，結婚後突然什麼都不對勁。

首先就不能把自己工具化，在衡量如何為對方付出的同時，不要超過自己的負荷，不要做出自己不想做的事，當覺得對方提出過分的要求，要有能力分辨，並且能夠拒絕，這不但是為自己著想，也是為了關係著想，愛情是兩個人主動、意願、自主而締結的關係，你的付出不只是為了滿足對方，而更是要因此帶給彼此成長，不要用寵愛、縱容或忍讓來弱化對方，不要以為只要一味地順從，就是在愛，舉凡接送、贈禮、照顧，前提是「沒有因為這樣做而讓他無法獨立」「不會用禮物的輕重來衡量愛情的價值」。

再者，也不要把對方工具化，人是無法與一個工具相愛的，愛情裡最美好的部分是你與這世上另外一個人親密，相互理解，產生連結，這個相處相知相伴的過程，讓你突破個人的自我中心，可以去理解另一個生命，並且透過這份理解與交流，認識自己也豐富自己，這個互動的過程如果被工具化了，你得到的只是一個空心的「付出者」，那些鮮花、禮物、接送、無微不至的照顧，如果失去靈魂上的互動，成為儀式與公式，你們的愛情就無法前進，你自己的生命也無法得到更多的啟發。

我們可以為戀人做的最好的事，不只是表面上的寵愛、順從、呵護，而是這些行為背後深深的愛，因著這份愛，有時要拒絕，有時要討論，有時你甚至得自我控制，只為了這樣可以讓你的自我真實表達，讓彼此有機會一起成長，讓這份愛更為長遠開闊，這樣才能夠有力量相愛。

有時戀人需要你的幫助

當戀人意識到關係出現問題，需要提醒自己，或提醒對方，有時戀人對關係的抱怨或意見，並不是在怪你，而是對於關係提出警訊。

持續了快兩三週混亂的作息，晚上失眠，早上起不來，每天都是阿早快出門我才勉強起床，桌上有他為我準備的早餐，我只能望著他出門的背影。週四晚上阿早終於忍不住跟我說，我們已經很久沒有一起吃早餐了。晚餐也很少一起吃。

起初我還嘀咕著，因為我失眠啊，早上起不來，因為你上班時間提早了啊，我很需要睡眠嘛……

阿早後來很嚴正跟我說，提早上班時間是去年就開始了，不是最近才改的，你早上吃完早餐就開始寫作，你都忘了。

我後來想想，是啊，去年九月阿早就提早上班了，那時我更忙，但我也沒有不一起吃早餐啊，到底怎麼了？

好像是從三月初發現長篇第二次重寫的方向還是出問題，又需要重寫的時候，內心就有個什麼東西慢慢崩潰了，表面上看起來好好的，但其實非常焦慮又沮喪，這個崩潰把我長久以來建立的寫作習慣都打亂了，所以又開始睡不著，每天都逃避起床。

想清楚原因之後，我就決定要早起了，無論如何都要起床一起吃早餐。要下定決心，停止惡性循環。

我很感謝阿早總是在我出問題的時候提醒我，雖然看起來像是抱怨我對感情不用心，但實際上卻是在提醒我對於自己生活與精神狀態的失控，畢竟這九年來無論發生任何事，不管我多忙，身體有麼問題，我們都幾乎都能夠一起吃早餐，這不只是一種習慣，更代表著我們對彼此的態度，當這條防線失守，我是該注意自己是否出現問題，而不只是拚命找藉口。

週四晚上我還是大失眠，但週五我只睡了四個多小時還是起床了，希望可以用早起來改善失眠的問題，週五晚上果然好睡一點，週六我們都睡晚些，一起處理了很多旅行需要的事項，還去了好友家當保母。

昨晚睡前我還是有點緊張，但後來一點鐘也睡著了。

今天早上八點鬧鐘響起時，我立刻就醒了，幫阿早嚕嚕腳，八點十分我們就起床了。

開心地吃了早餐，阿早出門後我就開始寫稿，十二點就完工了。

當戀人意識到關係出現問題，需要提醒自己，或提醒對方，當對方出現抱怨或提醒，不要立刻起防衛心，或認為被指責，感覺委曲或懊惱，拚命辯解，有時戀人對關係的抱怨或意見，並不是在怪你，而是對於關係提出警訊，最可怕的是知道問題卻無心或無力去解決，甚至持續漠視，讓問題大到無法挽救。

愛情裡的問題，很多時候也是現實生活的寫照，我們不僅要處理愛的問題，也必須回到生活、工作、經濟、健康等面向，一起去檢討與思考，我們出了什麼問題，該如何回應，還有沒有什麼辦法可以一起解決。

然而，當找出問題後，最重要的依然是逐一去面對，解決的過程，有時無法立即改善，有時會感到無力與沮喪，這時候狀況好的一方不妨多給予支持與耐心，而狀況不佳的一方，也要自知有許多事還是必須靠自己一一來解決。

我想我已經從內心大崩潰的狀態找到出路了，很簡單，就是重寫啊，耐心地去寫，慢慢來，寫作本來就是這樣困難的事，光是沮喪、懊惱、害怕都沒有用。人心是脆弱的，但同時也是強韌的，要看你如何去選擇。

我選擇一起吃早餐，把生活找回來。回到相愛的作息裡。

愛情沒有消失，只是被情緒跟誤解掩蓋

當墜入情網變成進入關係，很多時候我們會把各種期望加諸在對方身上，在相處的點點滴滴之中，我們遺忘了最初那份想要去理解對方的心。

你說最近與伴侶處在火爆期，非常容易爭吵，好像怎樣都不順利，想要好好溝通，但卻總是變成互相指責，你覺得還愛著他，卻又精疲力竭，很想放棄。

爭吵是磨合的一種方式，然而一旦從彼此意見不合，變成互相指責，關係自然會變得很緊繃，各自都覺得委屈，雖然還想要努力，但心中的委屈沒有排除時，說出口的話就會充滿怨氣，當情緒凌駕了感情，原本的喜愛也會變成厭煩，當戀人眼中看到的都是對方的缺點，看到對方的不是，無法再同心的時候，關係就會漸行漸遠。

不要指責，指責不是愛。當戀人之間充滿指責，愛情就會退到很遠的地方。

你可能會想問「但是如果對方有錯，難道不能指責嗎？」我的想法是，如果出發點是為彼此好，指出對方的錯，可以用溫和的方式說明，是給予建議，而非指責，何況許多事無關對錯，只是個人選擇與觀感問題，對方的作為或說法使你感到難受，可以設法說明你的感受，而非在心裡產生反感，甚至開口責怪，因為指責表現出來的都是憤怒與計較，對方根本就感受不到你的愛意，當一方開始指責，所引發的就會是反彈與辯解，但如果你是用溝通的方式來表達，讓對方知道你的原意是要讓彼此關係更好，是想要解決問題，那麼無論是什麼樣的缺點，如何的不同，都有可能化解。而當你想到的都是對方的錯，這樣的心理狀態，根本無法思考自己是否也有責任。

「心裡真的覺得委屈也不能說嗎？」你問。

「任何感受都可以說，但說出來是為了溝通，而不是為了發洩。」

試想，當初兩人相戀，克服了多少困難，那時你們有說不完的話，多麼努力想要去理解對方，想去撫平他生命裡所有的傷痛，那份努力，那份同理，那種「毫不懷疑」「一心只想對他好」的心意，是愛的初衷，我認為許多愛情變質，關係走到無路可走，都是因為心態改變了，你不再抱持著「只要他過得好」「我希望帶給他幸福」這樣單純的念頭，當墜入情網變成進入關係，很多時候我們會把各種期望加諸在對方身上，我們會開始逐一檢查、審核對方是不是夠好，有沒有真的愛我，在相處的點點滴滴之中，我們遺忘了最初那份想要去理解對方的心，現實生活種種已經把我們變成「一對精疲力竭的情侶」，工作生活之餘，剩下的力氣只夠滑手機、追劇，下班後的時間見到對方，都希望對方聽我們抱怨公司裡遇到的倒楣事，希望對方為我們做點什麼，我們從想要愛人，變成了想要被愛，從努力要去理解對方，變成了「為什麼他都不體諒我」，兩方都歪斜了，愛情自然越走越難。

當雙方僵持不下，我總是建議可以從自己做起，放下心裡那些責怪，那些「為什麼他不怎樣怎樣」的想法，而去想著「我還可以如何如何」，戀人關係是微妙的，一方緊繃，另一方也會焦躁，一方不滿，另一方也會產生懷疑，我們可以作為那個先放下情緒的人，把情緒放下之後，再去思考「我們之間出了什麼問題」，當你真的願意溝通，要承諾自己，無論如何都不指責怪罪，先就事論事，溝通的時候，盡量說出「事實」而減少說出「情緒」，盡可能用「我是這樣想的，你覺得如何」、「想聽聽對於那件事你的看法是什麼」，取代「你那次就是怎樣怎樣，讓我覺得很受傷」。

如果都可以談到分手了，還有什麼不能好好講？最怕的就是寧可分手，也不願意放下尊嚴溫和地把話說清楚。

隔開戀人的，往往是一份懷疑的心，你們不再像剛開始那樣相知了，因為懷疑對方不夠用心，懷疑他的某些作為是因為不夠愛你，懷疑他之所以這樣那樣，是因為熱情減退，甚至你也不是懷疑這些，只是覺得他不夠在乎你，對你隨便了，心裡就自動對愛幻滅，自憐自傷。

關係緊繃時戀人們會忘記，很多事都是在爭吵的時候變形的，很多感情是在日復一日的怨懟中消退，當那些情緒出現，我們忘了要去修補、澄清、理解，忘了兩人曾是命運共同體，曾經一起克服過很多生活、工作上的困難，那些美好似乎都消失了，我們感受到不被重視、沒有被好好愛著的痛苦，卻忘了即使這樣的時刻，也可以振作起來，成為那個去挽救關係的人。愛情沒有消失，只是被情緒跟誤解掩蓋。

最痛苦的莫過於你們曾經相愛、相知，到後來卻變成無法再對他說出真心話的陌生人，到底是什麼把彼此那份信任偷走了呢？到底是什麼事情讓愛變成厭煩，讓喜歡變成恐懼？

指責、怪罪、不肯自我反省，沒有積極處理的意願，反而消極逃避，面對關係的問題沒有第一時間溝通處理，卻用逃避或冷漠來應對，另一方也沒有鼓起勇氣打破僵局，好不容易開口說話，卻又被情緒左右，你一刀我一劍，一點一點加重病情，讓這段感情只能走向分離。

無論愛情是怎麼開始的，要維繫一段感情，最重要的就是無論何時何地，都謹記著愛的初心，「相愛的人是為了想要更了解對方所以成為戀人」，「我們是為了讓彼此幸福所以相愛」，當彼此有歧見，有誤解，當你對他有些許不滿，有什麼失望，甚至感到受傷，第一時間要做的是，先安靜下來，讓情緒的歸情緒，梳理一下自己，有什麼是自己的自尊心作祟，有哪些是他表現不當，這些都梳理過後，一定要好好地把自己的感受表達出來，這些表達不是為了要指責，而是因為怨氣與不滿堆積在心裡會造成關係的傷害，要「說出心裡的話」而不是「抱怨指責」，更不能放在心裡變成積怨。

用溝通取代指責，用反省取代反駁，牢記著，只要還在一起的每一天，都要珍惜，珍惜這個眼前你愛的，愛著你的人，沒有誰保證永遠都會這樣愛你、永遠都會與你一起分享生命裡所有點點滴滴，在還能在一起，還願意好好說話的時刻，把情緒、自尊都放在一旁，真心去對他說話吧。

好好說，耐心地說，好好聆聽，耐心地聆聽，珍惜所有戀人之間真切的對話，因為那可能稍縱即逝，因為當愛情消失時，你用什麼也換不回來。

—可以擁抱我一下嗎?—

戀人之間的親密，有時就表現在一句示弱的表達，因為與他如此親密，受到的傷害浮現了，你可以對他講。

你說每次與戀人吵架，幾乎都是因為對方指正你某些生活上的事，「洗手台怎麼沒洗乾淨」「你看你又打破杯子了」，你自知生活能力差，也就摸摸鼻子接受檢討，但有時遇到心情低落、或工作壓力、或者就是自我感覺不好，忍不住就會回嘴：「你都不會做錯事嗎？」「為什麼洗手台是我的工作？」對方聽你語氣不佳，又回了一句，你聽到回話裡有怒意，更氣不過，一對愛侶，就為了個洗手台吵起來了。

你們曾經為此困擾不已，鬧到幾乎要分手的地步，那段時間你非常痛苦，兩人分明如此相愛，但生活習慣、喜好性格天差地別，如果磨合不了，該怎麼繼續？你有時感覺委曲，覺得倘若他願意包容你的迷糊、不善家事，就不會爭吵，你覺得自己了解他，知道他愛乾淨、好整潔、有些完美主義，但他為何不能理解你就是生活白癡，缺乏現實能力，你已經很用心在學習，他為何不對你溫柔些。

當你感覺委曲，更容易造成衝突，那份委屈感時時隱藏，只等待一個時機引爆，你逐漸發現自己若是在工作上受到挫折，或他身邊出現很優質的女孩，更容易引發你的焦慮。你打心底覺得自己配不上他，他這樣美好的人，似乎該跟那種優雅的女人在一起，你雖有你的專業，在生活能力上卻距離優雅非常遙遠，有時你都不懂他愛你什麼，你的專業對他毫無幫助，以前見過他的前任，是與他喜好相同、會料理、品味良好的女子，甚至連他的母親都是氣質優雅的不老美人。

這些不安的心理，每每在他抱怨你某些家事沒做好，性格糊塗的時候，就發作得特別厲害，你無法承認自己不安，更不想讓他知道你有自卑感，於是引發爭吵，吵得沒頭沒腦，又得花好多力氣和好。

你說直到去年有一日你突然頓悟幾件事，首先，戀人對你生活上的意見，通常都不是指責，而是指正，或者提出事實，而你的反駁也不是真要反駁，只是害怕對方覺得自己不好，才拚命要澄清。但實際上既然沒有指責，又何需澄清。再來，你們家務都是平均分攤的，倘若你有什麼不便，請對方幫忙即可，何需爭執誰做得多誰做得少。更重要的是，他從沒有因為你任何生活上的無能而嫌棄你、不愛你，他指出你做不好的事，也沒有因此少對你好，每次爭吵過後，他總是再三強調，他不是指責，只是要讓你知道可以怎麼作，慢慢學習些生活技能，可以讓生活變得更好。

當你理解這些事之後，你們就甚少為此爭吵了，需要改正的地方慢慢改，需要澄清的事情，心平氣和地澄清，狀況不好的時候，臉皮厚一點討饒：「今天不要罵我，我很脆弱。」然後哈哈傻笑說：「我明天再改進。」對方你我討饒，苦笑說：又沒罵你。他一把攬住你，問說：今天怎麼啦，為什麼脆弱了？

一場可能的爭吵避免了，還得到了適當的安慰。

硬碰硬，真的沒有好處。

原來很多時候戀人吵架的原因都是因為誤解，你以為他在批評你，他認為你沒來由發火，你某些時候特別脆弱，他有時太過疲勞。只要一方狀況不好，衝突即將爆發。

你說的都很對，我們很難對伴侶或戀人承認：「有時我覺得自卑」「我不知道為什麼感到不安」「我今天狀況不好」「我感覺今天有點脆弱」「我今天真的好累」，雙方或單方心緒不佳，就會讓平時可以接受的事物變得刺眼、讓某些中性的話語變成批評，讓穩定的感情突然有了「他是不是覺得我不好」的懷疑，才是引發爭吵的源頭。

對方到底愛我什麼？這應該是平時就要溝通的話，自己的自卑感、不安全感，也是應該好好說出來讓對方理解的心情，「他到底想要怎樣的人」「我是不是真的適合他」這些問題，要去問本人，而非自己胡亂猜想。對方倘若說過了，自己要收在心裡慢慢消化，不要逼對方一說再說。

要慢慢學會在感情裡就事論事，不安歸不安，這是自己的問題，不能借題發揮，對方可協助你的只是幫助你釐清某些疑惑，比如戀人說：我不是在尋找一個跟我一樣的人，我喜歡你，就是喜歡你的特質，但也並非代表你做什麼我都喜歡，某些事關乎兩個人共同生活的品質，無關乎愛不愛，這些只是在溝通，要一起生活，這些相處的點滴必須要能協調，你不能把溝通當作責怪。

「有時我可以理解，但有時我太脆弱了，理性無法發揮。」你說。

「那種時候你應該告訴我你狀況不好，而不是找藉口吵架。」他說。

是啊，自己因為某些是不安、脆弱，戀人怎麼會知道呢？他怎知道今天你沒有力氣聽到任何一句「檢討」與「建議」，你想要的只是安慰跟鼓勵。你得說出來，在吵架之前，先表明自己的狀況。

戀人之間的親密，有時就表現在一句示弱的表達，因為與他如此親密，在外頭受了氣，吃了虧，或過往經驗裡受到的傷害浮現了，你可以對他講。不是叫你撒賴，也不是光只想討安慰，而是因為真心信任他，所以想要真正地向他傳達自己內心的感受，用「我最近狀況不好，可以擁抱我一下嗎？」「我今天心情脆弱，所以需要你說愛我。」「今天太累了，比較沒有耐心。」「我不知道怎麼讓自己更有安全感，可不可以陪伴我一起度過。」用這些商量、求助、示弱，取代無來由的發怒、撒嬌、討拘，讓對方知道你的狀態，他才能更理解你。

在你所愛的人面前示弱，但不是為了想要被安撫，而是溝通必要的過程，不但你要對他示弱，也要讓他有機會澄清，也有機會表達自己的匱乏或無力，相愛兩個人，坦然對彼此打開內心最柔軟的地方，不是要互舔傷口，而是要藉此深入靈魂、達到更深度的溝通，是要表達心中真實的感受、幫助彼此可以釐清各種感受，不至於被情緒綁架，示愛以外，還需要適當的示弱，在愛情裡逞強沒有用，只有真心、真誠，把最柔軟的心緒像貝殼打開自己那樣向對方打開，才有機會可以一起面對生命困境，一起度過這些難關。

別把戀人當成開向世界唯一的窗口

當我們急著傾訴，並非只是因為我愛這個人，更多時候是因為需要把愛情、把戀人當作是自己與這個世界最重要的連接點。

前幾天與一位好友談話，提及情感的事，她說到：「我只是希望每天下班有人可以讓我說聲，我回到家了。聊一聊今天發生的事。」我問她：「打算同居嗎？」她回說：「我知道我現在還沒有能力跟別人生活在一起。」她的話使我想到十多年前的我自己。

十多年前，我結束兩段長達五年的關係後，對穩定關係失望，此後幾乎就很難維持超過兩年的關係，但我還是想要戀愛，還是害怕孤獨，尤其到台北寫作之後，離家很遠，沒什麼固定來往的朋友，工作是自由寫作，一個人就可以完成，沒有戀愛的時候，我時常一整天下來，只有買便當跟香菸時，會開口說話，有時那樣的孤獨令人發狂。後來的幾段戀愛都是遠距離，愛情關係對我來說最重要的部分不是見面，卻是每天通電話、寫e-mail，尤其是講電話、用skype，有時對方好像也是如此，我們對著電話講述自己一天發生的種種，講得又急又快，彷彿沒有把一天發生的事說完，這一天就無法結束，跟阿早結婚之前最後一段戀愛，我與當時的戀人也是每天用網內戶打免費的電話無限通話，有些時候，我發現對方好像沒跟上我的話題，因為他有更多想要對我傾訴的事，有些時刻，我們甚至是搶著說話，還會氣惱對方沒有好好聽完自己說的話。但那些電話沒有使我們親密，只是製造一種假象，以至於到最後我們早已經疏遠、他也已經與其他人交往了，我卻因為每天的通話持續而以為一切如常，我們拚命地說話，但誰也沒有真正聽到對方，我們說了很多，但聽見的很少，「我回來了」「今天我怎樣怎樣」這些看似親密的對話，變成了最好的障眼法，使我們忽略，或許我們早就沒有能力承擔對方的情緒、也沒有辦法更進一步親密，那些你來我往的電話變成例行公事，變成戀人間以為可以維持關係的幻象。

我很早就發現我無法與他生活在一起，很早就知道我們之間有著巨大的落差，但我害怕失去那個「每天都會接我電話」的對象，那個除了戀人誰也不會給你的特權，好像只有戀人有無盡的耐心、有一種不成文規定，要對你噓寒問暖，會接受你各種情緒的發洩，會持續地關心你，他必須成為孤獨的你「開向世界唯一的窗口」，很久之後，我才知道那樣的關係有多可怕，而必須要找一個「開向世界唯一窗口」的我，其實還沒有準備好、也沒有能力去愛人。

我記得發現他外遇之後，因為他已回到他居住的城市，聯繫我們之間的，就剩下了那個紅色的電話，我望著電話發傻，不知道何時該撥，不知道他接起電話時，身旁是否有人，那是我經歷過最恐怖的想像之一。即使傷心、即使不信任，但「只要想要就可以打電話給我」的承諾誘惑著我，我多渴望像以往那樣，隨時可以撥一通電話，而不會感到心慌、不會擔心打擾，我主動提出分手後，我必須把那個已經關掉的手機藏起來，以免自己突然又開機，忍不住再撥號。我望著那個就像已經死掉的手機，放在床邊，好像隨時會爆炸一樣。那個手機記錄著我們之間的所有，像幻影一樣。

那個開向世界的窗口已經破碎了。

與阿早結婚生活磨合了很久很久之後，我才戒除了每天要跟親愛的人訴說一天發生的惡習，我才知道當我們急著傾訴，並非只是因為我愛這個人，更多時候是因為需要，是因為我們內建了「愛我就要聆聽我」的規定，我們把愛情、把戀人當作是自己與這個世界最重要的連接點，就向他傾倒全部的自我，情緒、感受、事件、煩惱、好的壞的，重要的不重要的，一股腦全丟給對方，這樣的作法並不是在「陪伴」「相處」「互動」，更多時候也不是在談話，而是一種「發洩」。

同時我才了解自己看起來雖然獨立，我雖然喜歡獨處，內在卻仍是依賴的，沒有安全感的，我害怕這世界誰也不需要我，我擔心自己會孤獨終老，而那份依賴我沒有靠自己的能力處理，而是用戀愛來解決。

所以我總是找到不適合的對象，我總是在戀愛之初覺得滿心快樂，交往之後卻急著逃離。若不是我辜負對方，就是對方辜負我。無論講了多少電話，到最後還是有一種「我真的理解你嗎？」的困惑。

自己的問題得自己解決。

現在的我，有時我仍會忍不住想要對阿早說說今天發生了什麼，但有時我會知道該停止，該安靜，有時，我會知道這時候他什麼話也不想說，這時候，我也該讓自己靜一靜。

甚至，有時發生什麼事我竟也就忘了跟他說，自己安然度過、處理。很多時候，我們只是安靜地各做各的事，我的心卻是安定的，因為我知道，我愛他，但我並不全然需要他，我可以自己照顧自己，但我們喜歡在一起，所以選擇相處。我們總是會支持對方，但並不意味著一切理所當然。

我想，與其尋找一個可以讓你說說：「我回來了，今天我發生了什麼什麼……」的對象，不如開始學習不再把戀人當作通往世界唯一的窗口，而是找尋那個可以一起望向世界，即使安靜不說話，彼此也不會因此不安、惶恐的人。

在那之前，我們得先學習獨處、學習獨立、學習跟更多的人說話，甚至學習不只是靠著語言，而可以靠著更多相處、更多分享、更多互動，讓自己的生命不再空乏，讓自己身邊不僅僅只有戀人一個重要的人，讓你的生命不再只能用愛情論成敗，當你不再把世界的重量全都壓在對方身上，你才有能力看見對方真實的模樣，有能力分辨彼此的愛能走到哪裡，能夠勇敢看到自己與他人的局限以及可能，並且能夠進行更深度的交流、溝通，讓戀情有機會成為進一步的相處、陪伴、成長，無論能一起走到多遠，那些互動都是真實的。透過這些真實的互動，真正地愛到人，也有能力被愛。

你自己就可以是那個開向世界的窗口。

難道你不愛我？

每個人都是自由獨立的個體，不能因為產生戀愛關係，
就成為另一個人的附屬品。

關係裡開始產生「勉強」時，都是一種警訊。無論是勉強對方，被他人勉強、或勉強自己。某些時刻，我們會無法分辨「勉強」與「努力」「用心」的差別，有時，我們自己可以分辨，但對方使用因為感情的因素把「控制」與「要求」「勉強」「應該」混淆在一起，長時間下來，關係成為惡性循環，愛情變成一種「權力遊戲」，悲哀的是，這樣下去，誰都不會是贏家，輸掉的是愛情。

如何察覺自己是否「被勉強」或者正在「勉強他人」，每個人都是自由獨立的個體，不能因為產生戀愛關係，就成為另一個人的附屬品，當情人開始對你提出不合理的要求，當你發現自己必須很吃力才能做到他想要、他期望的事，當那些本來出於自然的付出變成一種包袱，當「難道你不愛我？」變成對方想要你為他做什麼什麼的理由，還有最簡單的，「我不快樂」，你發現自己在這段關係裡逐漸感到疲憊、迷失、混亂、透支，我想，你已經勉強自己很久而不自知了。

而勉強他人自己也會不快樂，因為你永遠會感到對方「不夠好」「不努力」

「不盡心」「不愛你」，因為那是你的標準，你的人生觀，不是他的，他即使真的做到了，也會因為失去了自己的本色而使你感到陌生。

要提醒自己，也要互相提醒，我們是否自由地愛著，我們是否努力讓自己與對方都能更好地發揮自己、長成自己，我們是否有意識地對抗「控制」「勒索」「要求」「不安」，自覺要一起邁向一段能夠讓彼此成長，也讓彼此都得到成長的關係。

先把「勉強」消除吧！

為什麼我喜歡的和他喜歡的是兩回事？

一起生活，就是要讓彼此都變好，那不是照著誰的步子走，誰全部讓步，或者誰完全妥協，就可以達到的，人各有擅長，各有局限。

一年一度「早餐人驗收陳雪囤積物品」的時間又到了！（這次好像拖了兩年，阿早終於大爆發）。

實話是好不容易阿早才放長假，來不及計畫什麼度假，一放假他就生病了，不明原因頭痛了兩天，身體稍微好轉，他就開始整頓家裡了，在這兩年裡他發現變成儲藏室的貓房已經悄悄被我用奇怪的箱子占滿，家裡大大小小的地方都有超過一定數量的廢棄物（或者看起來不廢但該廢的物品），我對理家真是一竅不通，但總以為跟阿早一起生活多年，也學會了許多方法，然而我那些治標不治本的偷吃步，還是難逃阿早的法眼，平時我們各自放牛吃草，相安無事，我一直以為自己已經變厲害了，我以為我們對於生活、理家、整潔之類的事已經「協調」得很好了，沒想到，真的要處理起來，還是有很大的落差。

起初阿早是先整理自己的衣服，他衣物本就很少，但這幾年開放對褲子的選擇，總算有除了牛仔褲與運動褲以外的褲子，小小一個衣櫥，幾年下來，也會有已經太破舊，或根本不可能再穿的衣物，通通整理出來，我看他動手整理，也回房間整理我自己的衣物，果然也整理出一大包。

第二天，覺得阿早臉色怪怪的，猜想他大概要開始整理貓房了，那一大堆難以歸類的東西，一定使他頭痛了，說到整理物品，我完全沒輒，真的，不是不願意努力，我想我腦中應該有什麼地方已經故障了，對於分類、收藏之類的，一碰上就會當機，可偏偏我在家的時間多，日用品也大多是我採購的，我有些不好的習慣，比如「金蟬脫殼」——阿早戲稱的，就是衛生紙或各種物品買回來，慢慢把裡頭的東西一一拿出來，最後袋子或箱子會留在原地（後來分析起來還不就是因為偷懶）。

總之，這些那些不管是因為覺得「唉呀那個不重要啦先不要管」或者「我等會一定會拿去丟」或是「放著放著已經忘了到底是什麼」還是「我也有我自己的生活方式啊」造就的結果，就是貓房裡一箱一箱堆得高高的，要賣的舊書也堆得高高的（有時會倒下來），阿早要開始動手整理了，我就心慌，以為自己已經進步了的幻覺完全破滅。

一整天氣氛都很怪，阿早是因為整理舊書該丟該賣搬得很累（還有許多我不明原因使他煩躁的事，但大約都是因為家裡亂），而我則是發現自己原來還是那樣啊，既惱又羞，又覺得緊張、害怕，也感到兩個人生活在一起實在太難了，種種複雜的心情，兩人各自做事，不太說話，氣氛緊張，恐怕一觸即發。

有半天的時間，我心裡真是曲折起伏了好幾圈，很懊惱自己已經很認真在改變了，但骨子裡根本沒變，可是又覺得委屈，工作忙啊，家事好多，跟一個人生活時天差地別啊，想到自己最弱的事就要通通攤在她面前了（七年來第幾次了呢？）我天性好強，想做的事幾乎都會拚命做到，但是，烹飪啦，理家啦，真的，進不了我的腦子裡，一進去就會化成幼稚園程度，或者自動解體，可偏偏阿早是最愛整潔、簡單的人，在那些兩個人悶著頭不講話的時光裡，我悲傷又氣惱地想到跟我生活在一起對他而言是多麼大的悲劇啊，可是我到底要怎樣才能改變成一個更好的人呢？為什麼我喜歡的生活跟他喜歡的生活根本是兩件事呢？努力了這麼久，為什麼好像一下子又打回原形了呢？是不是應該各自生活比較好？

雖然我腦中兀自搬演了一大套家事白癡人妻內心小劇場，但我們沒有發生衝突，我也不像一開始時會跟他爭辯「為什麼不能用我喜歡的方式生活」，因為我知道雜亂也不是我喜歡的生活，我只是找不到正確的方式改善，還有那些自憐自傷的小劇場，是我自己的問題，他並沒有說什麼，只是安靜地在整理東西，我內心要怎麼演，得自己負責收拾。

天差地別的兩個人為什麼選擇一起生活，有很多原因，但，一定不是為了來吵架，來爭辯誰對誰錯，不是為了讓一方覺得自己很差，也不是為了證明誰的品味好，誰的能力強，然而，共同生活，必須找出兩人都可以接受的生活之道，這是逃避不了的，如果把那些問題擱置，會造成感情上的隔閡，生活上的小事，反而破壞了感情與溝通，甚至造成彼此的怨懟。這些道理我都知道。

傍晚，我自己去吃飯，在公園走了兩圈，整理自己的情緒，回到家，阿早已經把書都裝箱寄出了，我的心情也平復了許多，我進去房間整理文件，阿早也進來，有一個抽屜放的都是讀者寄來的信件、卡片、禮物，我們重新整理一次（很多信件看了還是好感動），都收到一個箱子裡，我們一起把我堆放了很多年的剪報、信件、合約、還有好幾袋內容不明的紙張文件，全部一一拿出來分類、丟棄、要收藏的裝進資料夾，終於把幾個櫃子都清乾淨了。阿早也輕鬆地跟我談話，化解了白天的緊張。

我慶幸自己雖然還沒學會收納整理術，但並沒有因為自尊心、挫折感、好強等等心理作用，跟阿早起衝突，也沒有逃避面對那些自己造就的「廢棄物」，我還是很驚險地發現自己經過這許多年還是容易誤解他，還是會因為好強、自卑，沒安全感，而在這些事情上往負面的方向去想，差點又造成因為賭氣、逃避、或者故意逞強造成的衝突，雖然看似安靜了一天（看起來也很像冷戰），但，我們還是收拾了各自的情緒，回到一致的方向。

一起生活，就是要讓彼此都變好啊，那不是照著誰的步子走，誰全部讓步，或者誰完全妥協，就可以達到的，人各有擅長，各有局限，重點是，如何在一個共同生活的領域裡，用最好的方式打造出兩人都可以接受，能夠方便、自在生活的空間，我覺得阿早一直是這麼在做的，他雖然不喜歡我的雜亂，但他並沒有因為這個原因而討厭我、嫌棄我，他只是努力在想辦法，用什麼方式幫助我可以比較簡便地理家，我做不到的，他也沒有勉強我，但我不能在他做的時候，感到挫折、自卑或者被責怪，這一切都是看法的問題，我只需安靜地接受、並且試著在自己可以做到的範圍去努力，不知道該怎麼做的時候，就要請問「我有沒有什麼幫得上忙的地方？」，幫不上忙，也不要賭氣或心生疑慮，安靜地做自己可以做的事就好。

一個人生活，當然很自由，可以用自己的方式，毋需改變自己，然而，相愛與相處，就是通過種種適應與理解的方式，擴大自己的認知，並且經由與另一個人生活的融合，讓自己發生變化，這些變化，產生了愛的能力。全然的自我，無法產生與他人融合時，能夠達到的那種「親密感」，也沒辦法讓自己走出自我中心去愛人，一個人生活或兩人生活，這些都是選擇，無關好壞，但我已經選擇了不想只是一個人用自己的方式生活，我希望自己能夠去愛，能夠與他人親密，有能力跟愛的人共同生活，而這些除了「整理收納術」，更需要的實際上是「愛的能力」。

我想，我雖然沒有變成家事達人，也要感謝阿早在生活上對我的包容，但我要好好克服自己的心魔，不要讓自卑、多疑、不安全感等陰影阻擋了成長的機會，在自己愛的人面前示弱、承認自己的不足、願意面對、並且去理解對方對於自己的用心，磨合不是磨去自我、磨去愛情，而是磨去那些尖銳、那些因疑慮而產生的猜想，以及磨去阻隔在彼此之間的誤解，讓彼此更加地親近。

沒有一種愛情是最理想的

你原以為自己這樣的不黏膩，不依賴，會使戀人感到自由，不需承受陪伴的壓力，卻不知道自己這種心態背後，卻逐漸將他從兩人的生活裡推出去。

同居初期，你們經歷很長的磨合期，兩人還在適應彼此的不同，你逐漸發現戀人是內向型的人，不喜歡講電話，回家後也不會特別想要立即分享一日各自的生活點滴，你努力觀察他的各種反應，逐漸得出結論，他喜歡獨處，需要安靜，不喜歡被干涉，也不喜歡總是聽到對方的嘮叨與抱怨。

你將這些默記在心。

過去的戀愛經驗，很少有餘力思考彼此是怎樣的人，適合怎樣的相處方式，好像人們只要陷入戀愛，就會自動產生一種模式，讓戀人們身不由己，只能遵從，你在愛情裡又哭又笑，患得患失，你做了所有該做、不該做的事，但最後還是無法讓愛情永恆，分離的時候，你想著到底是在哪個環節出了錯，「你太依賴了。」「你不浪漫。」「你後來變得好囉唆。」一句一句話像刀割，將你對愛的信念切成一片一片，你回憶所有做過的事，所有一起經歷過的喜怒哀樂，確實在很多時候，你被身不由己的衝動驅使，被嫉妒、恐懼、猜疑、占有，甚至是一種無以名之、沒法形容的感受，占據了理智，你終於從那些愛情創痛裡走出來，你想要對抗的，就是這種身不由己。

倘若將來再戀愛，你發誓成為一個「非常獨立的情人」，不為愛情瘋狂，要讓自己與所愛的人都在愛情裡感到自由，成為你心中愛情的理想式樣。

當你回憶過往愛情經驗時，也會以自己某段愛情裡的依賴、一廂情願感到羞愧，你暗暗記下戀人所有習性、脾氣，你不要犯下任何錯誤，而且最重要的是，你一定要讓自己獨立起來。後來你遇見了他，你們陷入熱戀，最初你不願意同居，害怕那種在分手時必須要自己提著行李離開，或者看著對方收拾行李逃走，狼狽的樣子。

後來你接受了同居，卻不願意被同化，你害怕自己又成為那個因愛瘋狂的女子。

日常生活裡，你每日鍛鍊自己，戀人加班，你說好啊沒問題我自己吃晚餐，戀人與朋友出遊，你說好啊沒問題，我自己去看電影。戀人回家後，你瞧他累累地癱在沙發上滑平板看日劇，你也窩在電腦前看歷史劇，這樣安安靜靜各自做事，誰也不打擾誰，時間到了想睡覺，你瀟灑地說，「晚安囉，我要進房了」，就抱著自己的平板電腦回臥室，得意於你終於不介意他幾時進房，不介意每晚必須要的睡前擁抱，你覺得自己好獨立。

在實踐「獨立」與「尊重」的過程，你逐漸因噎廢食、矯枉過正而不自知，有日當你們又各自埋首於影集裡，你突然想起什麼似地對他說：「我從來都不要求你陪我，我都自己好好照顧自己，這樣很好吧。」戀人從影集裡抬起頭，略有哀愁地說：「我們簡直像室友，你根本就是喜歡自己一個人，覺得身邊有人礙事吧！」你嚇了一跳，一時間不知如何回答。

我們變成室友了嗎？

不像嗎？

深夜裡你靜靜地反思，自己怎麼會把獨立跟疏離弄混了呢？你原以為自己這樣的不黏膩，不依賴，會使戀人感到自由，不需承受陪伴的壓力，卻不知道自己這種心態背後，卻逐漸將他從兩人的生活裡推出去，你這份尋求獨立的心，訓練出來的不是獨立，而是彼此的疏離，你可能是為了避免失落，不想被拒絕，因而壓低對他的期待，你以為這是對兩個人都好的方式，卻忘了去理解當你決心要這麼做的時候，對方的感受，你把自己要成為怎樣的人當作重要的事，卻遺忘了在愛情裡，你所有的決定都會影響到對方，你不能在愛情關係裡突然決定要成為一個徹底獨立的人，因為在實踐獨立的過程，是排他的，你本意是要讓他感到自由，卻變成了彼此的疏遠。

該怎麼辦？為什麼怎麼做都錯？

你想起曾在某本書上讀到：「需要，是我們所能給予情人最好的禮物。」需要，怎麼會是需要？

「你根本不需要我。」戀人控訴般對你說。你一直以為「需要」是愛情裡一種低下的特質，你認為因為需要而與某人交往，彷彿是出於利用。

「不是那種功能性的需要。」戀人說，「我感覺不到你想看到我，聽到我，感覺不到你需要我存在你的生命裡，感覺不到我這個人身上有什麼你想要接近的特質，不被需要，就感覺不到被愛，你懂嗎？當我們各自在這個屋子裡，滑著手機，看著平板，彼此間那麼遙遠，好像只是共處一室的陌生人。」

你需要我嗎？我需要你嗎？不是那種誰都可以的需要，不是誰給我禮物多就選誰的需要，而是一種指名性的，特定的，非你不可的需要，使我們想要見到對方，想要與他說話，想要跟他相處，想要一起做些什麼，這種需要你懂嗎？你竟然將戀人間最基本的相互渴望、追尋、索求，看成是一種低下、廉價的利用，你是受到了多大的傷害使得你以為思念也是一種依賴，渴望對方是一種軟弱？

你內心有個聲音在哭，那是啞然失語卻又近乎頓悟的哭泣，你赫然發現自己內在裡還是有好多沒有痊癒的傷，你是那麼害怕被拒絕，你是那麼害怕自己不夠好，你是那麼不相信自己也可以擁有一段美好的戀愛，你可以不因為任何理由而被愛，你不需要那麼完美。

那「獨立」怎麼辦？我那份想要獨立的心，我渴望讓自己變強壯的意願要怎麼辦？如果我放任自己去需要，最後又變成一個黏黏膩膩惹人厭的人要怎麼辦？

戀人溫柔望著你，從來沒有人阻止你獨立，沒有人要你陷入依賴的陷阱，只是，真正堅強的人懂得分辨，我們需要一個人，並不意味著你凡事都要聽從他，不意味著你任何需要都得被滿足，真正獨立的人有能力承受拒絕，懂得分辨對方是不想要、還是不能夠達成你的需要，你需要的獨立與堅強都得在有能力面對、處理、看見自己的脆弱的前提下達成，而不是將獨立與疏離混淆。你必須聽得見自己內心真正的需求，並且知道要如何展現需要，接受失落，如何迎接另一個人存在你生活裡，這些才是你應該去學習的。

需要、想要、渴望、思念，並不是一種慣性，也不該成為慣性，那是在茫茫人海裡，你終於發現了一個人，身上擁有你想要靠近的特質，這個人你想要看見他，再看見他，你有好多事物要與他分享，你在他面前不必感到羞慚，你不必成為某種理想的人物，不必追求某種典型的愛情，你所需要的只是誠實、認真地了解自己，面對自己，並且衷心地邀請另一個人來參與你的生命與生活，真誠地與他互動，展開你們自己的故事。

開始屬於你們的愛情。

II 與愛情面對面

不是不愛了，而是暫時沒有愛的力量

當感情出現莫名的困境，鬼打牆似的爭執，有時該檢視的，不是「你到底愛不愛我」，而是「我們共同或彼此的生命現在出了什麼問題？」

有些時候，不是愛的問題，卻總是在爭執、衝突、彼此不滿，生活裡充滿了隨時爆發的不定時炸彈，這時候都需要對方的安慰，但誰也安慰不了誰。

我與阿早曾經陷入幾次感情低谷，仔細回想，第一次是剛結婚時，那時我的病發作得厲害，工作完全停擺，心理大受打擊，生活也失能，而他正為了工作焦頭爛額，也為了我的病況與將來擔憂，更努力賺錢，卻也變得更加疲憊，那時的我們，沒有不相愛，但我時常無來由地哭泣、悲傷，總覺得他整天都不在家，根本無法照顧我，而他處在極大壓力下，也覺得沒有被體諒。

那時好窮好窮，搬一次家就花去所有積蓄，對未來的茫然，現實的壓力，屋子漏水，各種問題接連發生，每天睜開眼睛似乎就會有新的狀況發生，最後我們第一次的同居失敗了。

那段時間裡，我確實想逃，不知道自己為何陷入了一個噩夢般的處境，為什麼那麼相愛的兩個人，隨時一件事都能讓我們爭吵？漸漸地，甚至懷疑起彼此的愛。

現在回想，當時我們是被現實生活磨得失去力氣了，不是不相愛，而是暫時

「沒有愛的力量」，僅剩的力氣應付工作、生活、疾病，就已消耗光了，狀況不好的兩人，都覺得需要對方安慰與支持，但因為兩個人都不好，能給予的支持，抵擋不了另一波的失望或打擊，大致可以說，現實把我們揍得鼻青眼腫，回家後應該是相互擁抱，而那時靠近彼此卻又成了另一種痛苦的來源。

在感情的低谷裡，第一個感受時常是「為什麼不理解我？」「我現在很痛苦，為什麼不照顧我？」「我的狀況有比你好嗎？你也都不體諒我啊？」其實，這些聲音背後在傳達的都是求救，只是我們並不知道處於低谷裡的兩人，應該要到外頭求援，而不是向彼此索取，當感情出現這種莫名的困境，鬼打牆似的爭執，有時該檢視的，不是「你到底愛不愛我」，而是「我們共同或彼此的生命現在出了什麼問題？」

比如一方有疾病，或者工作不順，或面臨工作上巨大的壓力，或面臨重大考試、書寫論文、轉換職業等等，甚或家人的問題、憂鬱症……

我記得那時病得厲害，時常會在公園裡亂走，無法止住哭泣，我打電話給醫生，問他我是不是憂鬱症發作，他說：「你仔細想想，處在你那樣身心的狀態裡，要怎麼快樂？你突然病得那麼厲害，當然會無助、混亂、焦慮。」

當你們各自都為了經濟、工作、健康甚至其他更為根本的人生問題痛苦著，這時感情看起來當然是不好的。

但不要用一時一刻的情緒來衡量關係。

除非你要的不是愛情關係，只是一個隨時都準備好「照顧你」，讓你予取予求的對象。

我想說，一段認真且願意一起努力的愛情關係，是一種不斷變化、且有起伏消長的長時間的關係，衡量標準不是片刻間的「喜歡」「安慰」「支持」，而是一方有狀況另一方就堅強起來，若兩方都出現問題，也毋需急著分手，而是一起等待穿越這個低谷，這時最重要的是，先停止「期待對方來安慰我、照顧我」，要清楚知道他的狀況也不好，不是不愛你，而是現在正如同你一樣，都需要有人來支持，愛情裡的互相扶持，也包括了，寬容對方一時間的無能作為，並且理解這時是「外在的問題」逼使我們變得沒有力量，剩下僅有的力氣，不要拿來互相指責；不要因為失落、或者不能承受對方的低落而感到沒有安全感。

認清彼此不是不愛，只是狀況不好；認清有許多爭吵都是因為感覺沒有被愛、被支持，甚至因為情緒混亂都導致許多誤解，保留力氣處理外面的風風雨雨，至少屋子裡兩個人還是同心的；這個同心甚至包括彼此都理解「現在我們狀況比較差，對對方的要求要降低些，先讓自己狀況穩下來。如果真的需要支援，可以找找自己的朋友、家人協助，讓外面的支持系統進入，而不是一直消耗彼此的能量」。很多人在這種時候，不是去找朋友支持，而是直接就去找新的戀人了，誤以為新的對象比較愛你，但試想，一個狀況不好的情人怎麼跟另一個並沒有跟你生活在一起、甚至是準備好了要來追求你的人相比呢？

一時的無法支持並不能成為常態，長久來說，伴侶間還是要彼此照顧、相互理解，支持、承擔，但倘若彼此都是真心願意一起度過患難的，也知道目前許多情況暫時無法改善，請給自己、也給對方一些時間，先協助彼此度過外面的風暴，當對方與自己目前的低落、沮喪、以及不滿出現，讓這些情緒先安放在一個地方，不去激化它，即使最不好的時候，也盡可能達成共識，知道百廢待舉，這時去挖感情的牆角是最傷的。有時共患難的方式，是一起流著淚、誰也不怪誰，知道敵人在外面，而不是彼此。

當你什麼也不能為對方做的時候，也不要要求對方為你做什麼；當努力做什麼好像也只是遭致對方的誤解、或徒增自己的疲憊，要知道，感情是長遠的事，我們總要容許關係有些不完美的時刻。這時，不要逼自己、也不要逼對方，「我們不是不相愛，只是現在力有未逮」，這時的力氣不要用來爭吵，這時的箭頭不要指向對方，「我們都在暴風裡」，「我們正在低谷裡」，但即使軟弱無力，「我們是相愛的。」

那時，幸好最後我突然醒悟了，我知道我們不是不相愛，也不是不適合，而是「處在很不好的現實狀況裡」「愛情沒辦法好好生長」。我突然從自怨自憐的幻境裡醒過來，明白了阿早正在遭遇的困境，也了解了自己並非全然無能，我才從一個軟弱無力、成天哭泣，只想要被照顧的人，突然生出力來。當我不再抱怨阿早不能照顧我，當我有能力同理她，我們之間的劍拔弩張消失了，我們有能力開始逐一處理眼前的問題，許多沒必要的爭執消失了，才發現真正使我們痛苦沮喪的，反而是對於關係不能維持的焦慮，以及失去對方的恐懼。當我不再只專注在自己的病痛與孤寂，我看到我們的愛情裡堅固的地方，美好的部分，那是無論外界發生什麼，都沒有被破壞的，我終於堅強起來了，我們先拉開距離，各自獨立，然後一步一步開始修復關係，一年多之後我們又同居了，直到現在。

愛情是一條長河，關係是不斷變動的狀態，請惦記著彼此強壯美好時的付出，牢記著那時候建立的感情，一起累積的點點滴滴，這些都是要在脆弱的時候用的，不要在關係最脆弱的時候急著下結論；面對你真愛的人，要記得這是你愛的人，時時刻刻回到「我想愛他」這個心念裡，而非只是「為什麼他現在無法愛我」，「我想要愛他」這個念頭可以轉換心境、也能保護你們不至於互相傷害。

像等待一朵花開一樣等著烏雲飄過，即使無法緊抱對方，但可以在彼此都有默契的地方各自安靜地等待，等著力氣長回來，再逐一把現實的狀況一一解決，一起回到愛情裡。

愛情最好的保鮮方法

試著讓心安靜下來，聆聽自己，聆聽對方，慢慢地思索，仔細地開口，就像最初相戀那樣，你是多麼珍重他所說出的每一句話。

你說與目前的戀人相戀兩年多，熱戀時，你對他訴說工作上遭遇的困擾，人際間複雜的糾葛，受了誰的氣，遭了誰的陷害，他總是為你抱不平，與你同仇敵愾，幫你想方設法，但同居之後，他越來越沒有耐性，回到家不是看電視就是滑手機，一起吃飯的時候，你對他說什麼，他只是敷衍：「不要想那麼多，同事相處包容彼此就好。」你驚訝於他的改變，試問他：「是不是覺得我很煩？」起初他還會安慰你：「就說你想太多了，我只是覺得你太在意別人的眼光，會很痛苦。」你發現他不想聽你工作上的事，就不太說了，你少開口，他話更少了，「為什麼我們都沒話講？」你問他，他聳聳肩，「平靜過日子不好嗎？」

你問我，這樣還是愛情嗎？我們好像變成室友了，只是一起吃晚餐，一起看電視，一起睡覺，我心裡有很多感受他都無法了解，他在想什麼我也不知道，我到底要怎麼做，才能恢復與他之間的知心？

我想告訴你，最初時刻，戀人之間你儂我儂，不管說什麼都好聽，在對方熱切的目光與悉心的聆聽裡，感覺自己好像變成了一個新的人。

相處日久，無論同居與否，見面的時刻不再只有浪漫，彼此也不再只是個美麗的幻影，生活裡點點滴滴滲透進你們的相處中，認真的對話變少了，開口說話，似乎總是在抱怨。

什麼時候開始，戀人變成了「專屬的」垃圾桶。不認真聆聽就是不愛我，提出建議就是「你不了解我的為難」，建議失效了就被責怪「早就知道跟你講也沒用」。「好了吧你看，好好的氣氛都破壞了！」

許多工作上、生活上的抱怨，都是來自於職場或人際關係上的問題，這些與「其他人」的問題不是戀人可以幫忙改善的，無論是抱怨的一方，或是聆聽的一方，都要先能認知「抱怨」只是我們對於親近的人一種表述方式，抒發情緒、表達困境，甚至尋求幫助，因為夠親近，無法呈現給他人看的部分，只能傾倒給她。但生活裡充滿了無法解決的抱怨，確實會影響感情，抱怨的人煩，聆聽的人心亂，當人們在訴說不愉快的事，特別容易感到「你是不是覺得我很煩」「講這個你一定沒興趣」「說不定你覺得都是因為我難相處」，疑心重重，導致對方一個不夠好的回應都可能使你抓狂，把怒氣轉移到他身上。

然而，要牢記，沒有人應該為你做什麼，有義務要為你承擔所有一切，當你數落著對方根本沒見過的人、沒參與的事，對方真的很難作出公允的判斷，更何況人們抱怨時發洩情緒為多，真要認真跟他討論、建議、提出改善的方法，「這些難道我不知道嗎？」一句話就會頂回去。

通常，可以改善的事，不會用抱怨的方式表達，想要商量的事，也不會用抱怨來呈現，抱怨是生活裡的惡氣、委屈、無奈，以及自己也不清楚的無能為力造成的「產物」，最理想的狀態是在彼此心情都好的時候，設定一個「抱怨時間」，可以以半小時為限，在這個時刻裡，盡情地抒發，就像打沙包一樣，聽的人呢，左耳進右耳出，不要放在心上，別覺得「每次都抱怨一樣的」「給你建議你也不會聽」「都沒改變」，這是抱怨時間，陪伴就是支持，不評價。

之後，再詢問對方，「需要建議嗎?有什麼我幫得上忙的嗎？」他表達需要，你才給建議，如果自己感覺無法給予正確的建議，也可以一起去尋求協助，找朋友，找諮商，或者查資料，問題一定有可以解決的方向，只是這未必是戀人的「專業」。

時常抱怨的人，也要感謝有人願意耐心聆聽你的抱怨，被倒垃圾是很辛苦的事，尤其親近的人，往往也會因此情緒波動，甚至忐忑不安，當發現自己處在經常抱怨的狀態，可能需要重新審視生活發生什麼問題，到底對方可以給予我們什麼幫助，什麼是對方沒辦法、也沒必要為我們承擔的。要解開糾纏的問題源頭，只能靠自己。但你知道你有幫手，戀人可以給予協助，真正要去改變的人是你自己.

愛一個人，不是什麼都丟給他，也不需什麼都為他擔起來，我始終認為，要用正確的方式愛人，不是什麼都照單全收，需要明辨的是，如何做才是正確的方式，這就得在相處中更深地認識、理解對方，也理解自己，需要在一次一次的溝通、陪伴、討論甚至是經歷考驗時，累積出信任，並且知道彼此的能力與局限。

所以，你想要恢復與他的知心，首先要戒除「抱怨」，真正將心打開，思辨使你困擾的是什麼，你焦慮的是什麼，與他討論這些問題，甚至，你也要進一步去理解他的生活，他的喜愛，他的困惑，當他發現你想與他說的話不再只是你自己的情緒，當他知道你也關心他，他就能夠再將你當作可以談話的對象，你們要像是一對患難與共的夥伴，是彼此扶持的戰友，也是可以放下自我中心彼此接納的知己。

已經養成的習慣不容易更改，但那也只是一念之間，戀愛不只是要被愛，更重要的是去愛，並且在這種學習愛的過程裡，試著讓這份愛變得更開闊。

愛情是兩人一同在困難重重的世界裡摸索前進，愛情是同甘共苦卻不覺得理所當然，愛情是知道對方處在低潮需要幫助，盡力幫助之餘也要分辨自己能力的極限，不去壓榨自己。在關係尚未演化成惡性循環之前，學習在相處之中，帶進更多的「討論」，以及一起處理困難的「經驗」。

放下外界那些瑣瑣碎碎的煩惱，面對自己心愛的人，試著讓心安靜下來，聆聽自己，聆聽對方，慢慢地思索，仔細地開口，就像最初相戀那樣，你是多麼珍重他所說出的每一句話，而他又是多麼認真地承接你說出的每個字，因為那時你們對對方一無所求，只是想要理解、認識眼前這個你愛的人。

勿忘初心，時時照顧那份初心，就像第一天戀愛那樣，無所求，沒有任何理所當然，永遠是保持愛情鮮度最好的辦法。

迎向「愛的真意」

這份「面對」會使你非常痛苦，然而，這些必須「面對」的感受，依然會真實地逼問著你。

有些等待是暫時的，有些等待是漫長的，然而你會等來什麼答案，誰也無法確定。

曾經，我在愛情走向盡頭時，沒有選擇妥善把關係作個結束，而是被另一段愛情拉走，最後才知道，在你生命裡已經產生的問題，不會因為投奔另一個人就找到答案。

曾經，我等待著情人在新歡與我之間作選擇，妄想著那可能只是一段迷戀，他終究會回頭，卻造成彼此的欺瞞，變成三方無盡的痛苦。

無論是怎樣的等待，誠實面對自己是最重要的，面對自己的貪戀、軟弱、自私、恐懼，面對自己還不能接受失去，還渴望著回到從前，還惦記著過去的美好，還以為可以力挽狂瀾。

面對自己渴望著他放棄那個人選擇我，面對自己希望對方可以消失，把生活還給我。

真正靜下心來去面對這些時，他給的保證「我一定會處理好」「我真的比較愛你」，突然變得虛無縹緲，這段關係已經從根部腐爛，即使可以繼續，也必須重新審視、調整、修復，甚至，我們也都在這充滿因恐懼失去而產生的謊言、遮掩、隱瞞中，慢慢地扭曲了自己，即使他選擇了我，實際上我自己也沒把握可以「回到從前」。

這份「面對」會使你非常痛苦，你會渴望再躲回「期待有一天」「只要他還愛著我」「至少現在還可以在一起」的念頭裡，然而，這些必須「面對」的感受，依然會真實地逼問著你。

與其問「他會選擇我嗎？」，與其等待「有一天他……」，「我知道他比較愛我」，不如認真思考，「我這樣真的是愛嗎？」「我沒有選擇嗎？」「我想要怎樣的關係？如何的未來？」

你永遠有選擇權，只是未必可以盡如人意，不保證可以選到你想要的，我們只能在諸多選項中，選擇我們能負擔、並且願意承擔的決定。

然而，當下以為放棄了關係，就等於放棄了等待，放棄了愛，後來我知道，那時刻的放下不是放棄，而是為了讓彼此勇敢，不再活在欺瞞中，才有可能迎向「愛的真意」，而不再曲從於情緒、依賴與恐懼。

有些等待是永遠也不必說出口的，你等待的不是被選擇、被扶正，或者終於得到想要的愛情。而是等著時間沉澱、傷害澄清，等著自己終於能看見自己被攪亂的心，也有清明的時刻，你守護著的愛，並沒有因為分離而消失，或者，已經被時間淘洗，成為了其他種情誼，蛻變成一種記憶。

無論是痛苦或快樂的愛情，順遂或坎坷的關係，對自己坦誠，至少盡可能地接近自己，才是最重要的。

他不神祕，只是安靜

愛情是會生長變化的，正如我們的生命，充滿變數，身體會日漸衰老，愛情卻未必，但你得禁得住那些最艱難的考驗。

剛認識阿早的時候，總覺得他有種難以形容的神祕以及憂鬱氣質，加上又是我很喜歡的模樣，所以就放膽去追。

那時他話少，看很多書，很愛聽音樂，也寫一點東西，他帶我認識了約翰厄文這個後來我非常喜歡的小說家，每次約會他都會帶幾張CD給我聽，那段時間我獨自寫作時，總是反覆播放著那些CD。

沒來得及真正認識阿早為何神祕，就分開了。

但他那憂鬱得令人心痛的眼神卻如何也忘不了，當然無法忘記的還有，我的出現也讓那憂鬱更增添了一股絕望。

這點始終使我悔恨。

後來的相遇，結婚，我們磨合了好久，因為我始終覺得他神祕憂鬱，最開始的同居完全是在我這種「偏見」裡，我們根本無法相處，每一天我都覺得她不是我原先認識那個人，而我自己也不是我自己。

經過一段鬼打牆的痛苦遭遇，我們搬了五次家（從各自的住處搬到一起住，再各自搬走，一年後又從各自的住處搬到現在這裡），最後落定在這裡，租來的房子，不知道可以住多久，但我們很喜歡這個家。

後來我漸漸認識他了，他不神祕，只是安靜，他曾經憂鬱悲傷，但核心裡是個溫暖熱情的人，我知道了他的童年、少年、以及遇見我之前的所有，看見很多時期不同的阿早的照片，嬰兒時他胖嘟嘟的，很愛笑，綽號叫「阿肥」，小學時曬得黑黑的，完全像個愛運動的小男孩。

最近我們的照片裡，有一張捕捉到了阿早年少時的神情（天真而傻氣），我很喜歡（可惜拍出了我的雙下巴啦！）。我想，阿早已經擺脫了憂鬱，找到平衡自己的方式，變得健壯，可以過著他想要的簡單自然的生活。他修復了自己。儘管我們正在面臨中年開始的各種身體狀況。

愛情是會生長變化的，正如我們的生命，充滿變數，身體會日漸衰老，愛情卻未必，但你得禁得住那些最艱難的考驗，並且理解這些考驗所帶來的，以及所能夠給予我們的。過去十多年，我曾讓阿早悲傷、痛苦，甚至絕望，我自己也為這份愛情感到悔恨、自責、無望，然而，愛情不是童話，不遵循公式，不會照著你的理想規畫走，但也代表它擁有各種可能。

一段相互支持、理解、經歷過風霜的愛，卻有可能使你重逢你最喜愛的自己，那個你以為已經失去，已經無望，再不可能重見的自己。

不要讓愛情毀滅你，不要一起把愛活得像個令人窒息的密室，但願無論從何處開始的愛，戀人們都能一起走出迷宮，穿越幽暗密林，迎向生命的各種可能。

當他離開時，要等待嗎？

想要繼續等待的人，大多是因為覺得還有機會挽回，各種可能都指向一個方向，就是希望「原來的愛情還在」，有機會把它找回來。

許多讀者朋友知道我跟阿早曾經分開多年才又重逢，面對對方提出分手、或面臨情變時，時常問我：「老師，我可以等他嗎？」「老師我應該等待嗎？」或者「阿早當時有等你嗎？」「你有等待他嗎？」「你們是為什麼可以再在一起的？」

當時我們沒有回頭，也沒有等待。

二〇〇三年我們戀愛幾個月而後分開，並沒有正式分手，當關係發生變化時，也試著想挽回，也談過要一起面對問題，然而當時我太混亂，完全沒辦法靜下來處理問題，也沒有能力面對他的傷心、面對關係處於受創的現實，我雖然是闖禍的人，卻也彷彿是受傷的人，心頭受到重擊無法平復，對於自己竟然在熱戀之中突然出軌也感到無法接受（是的，有時出軌的那一方也會無法理解自己為何如此，變心的人也會受到打擊，會懊惱、會自責、感到後悔或是迷惑，進一步導致關係惡化），當時的我原本將我與阿早的認識、相戀看成命中注定般，認定他是我最愛、最想要在一起的人，所以當這段感情出現變化，即使變化是發生在我自己身上，我也無法正確理解原因，甚至因此陷入自暴自棄、悲傷絕望的情緒中，以至於明明彼此都很想繼續在一起，即使他也給了我機會，我卻無法回頭，也沒有能力留下來處理裂痕，我幾乎就是落荒而逃了……之後很長的時間裡，我認定自己是不應該跟誰戀愛，也不能維持一對一關係的，因為自己就像個不定時炸彈，我不敢相信自己有能力承諾，害怕再度發生變化。

我們是這樣慢慢無法對話，逐漸放開彼此，終至失去聯繫。即使心中認定這份愛，也沒有等待或者想要追回的勇氣。

阿早也沒有等，並非因為他不愛我，而是他知道我還有我自己的旅程、我的功課要處理，他不想成為我的負擔，他也有他自己內心的傷害與悲傷需要修復，很長時間裡，他好像也無法處理關於我的記憶，我們徹底失聯，也沒有去尋找對方，開始各自的人生，有不同的遭遇，後來也各自有了對象，進入下一個生命的階段。

無所謂等待或不等待，即使心中有著想要等待的念頭，時間的流也將我們推向了生命的另一個轉角，進入新的遭遇。

關係生變了，不管是對方外遇、或者覺得個性不合想要分手，想要繼續等待的人，大多是因為覺得還有機會挽回，或者覺得不可能找到更愛或更好的對象，或者是單純地就是放不下，或認為對方只是一時迷惑，或者擔心對方會想要回頭，各種可能都指向一個方向，就是希望「原來的愛情還在」，有機會把它找回來。

但我認為一旦關係發生問題，甚至到了分手的階段，不管有沒有外遇、分手這個行為一旦發生，兩個人都會因此遭到改變，而且這樣的關係必然有需要審視的地方，絕非只是單方面地犯錯，分手這樣的決定會影響到彼此，不是只有提出分手的這一方，甚至連自認為感情堅定、絲毫沒有改變的這一方，也會因為分手這個過程受到改變，不管是傷害、傷心、失落、不信任或者其他更多的變化，感情本就是流動的，是根據兩個人的互動而不斷在調整的，當關係中斷，或者有一方突然離開軌道，原有的關係就會產生變化，你們因為這個變化各自都會有所改變，要若無其事地回到原地，找回「原來的關係」，幾乎是不可能了，然而，這並非意味著彼此再也沒有機會，但這得回到生命的流裡來看，被傷害的、中斷的、已經發生的改變，各自要如何去消化，會對關係產生什麼影響，這都是未知的事。需要時間去驗證。

到了二〇〇七年，將近四年時間，我們才恢復了聯繫，這中間的時光裡，我們完全沒有對方的消息，雖然還思念著對方，卻不去打擾他、尋找他，很長的時間裡，我都認為我不可能再見到他，也沒有機會再與他有所聯繫，所愛的人就這麼徹底消失在你的生命裡，令人痛苦與絕望，有時我會因為在與其他人交往時感受到對他的思念而感到驚慌，有時我因為長期的孤獨而感到自責、懊悔、痛苦，有時我想到他可能一點也不想見到我、壓根不希望我去打擾他，就覺得非常傷心，隨著生活的變化，我沒有忘記他，他反而越發清晰地存在我的生命裡，每天每天，各種各樣的情緒都會發生，然而那時我認為我可以為他所做的最好的事，就是在心裡默默祝福他，並誠心將這份愛保留在心中，倘若說我真有在等什麼，我想我等待的，是我自己從感情的迷霧裡找到出路，我能夠成為真正有能力愛人、有能力維持關係的人，我期望我可以真正理解自己、控制自己、我可以不再犯錯，我衷心期望那樣一天到來，並為此付出了所有的努力。

許多次我都想著，倘若有一天我能再見到他，我希望那時我已經成為一個更好的人，可以理直氣壯面對自己，可以正視著他、勇敢面對他，我希望我能告訴他，我把事情想清楚了，很抱歉我當時沒有勇氣承擔，沒有能力改變，我要對他說「對不起」。

分開的時光裡，我們各自都經驗了很多事，對愛情與人生的複雜多變，都有了更深的體會，我們恢復聯絡，最初也只是確認彼此的善意，阿早寫信給我，是認為如果我還對當時的事有所介懷，心中仍過意不去，能夠幫助我不要再自責，而我則是經由通信「知道他並不怪我」，知道他也好好地生活著，感到安心。

分開第六年，簡短通信兩年之後，我們才相約見面。

我想，正因為我們沒有期待著要跟對方復合，沒有因為痛苦而糾纏、藕斷絲連、或者在自己還沒有能力處理好自己之前，就貿然相見，這漫長、徹底的分離，幫助我們消化當年的傷害，幫助我們看清楚當時發生的事對我們的影響，因為不是努力想著要復合，或計較著誰對誰錯、誰好誰壞，而是因為時空徹底的分隔，讓彼此在對方心中的意義逐漸地變得清晰，多年過去，那些曾經使我們迷亂的，使我們痛苦的，被時間的手安慰、撫摸、整理過了，等到我們相見時，我們感受到的就是「此時」，這個人在你生命裡到底還留下多少重量，當我們站在彼此面前，滄海桑田，很多東西都改變了，正是因為如此，那其中沒有改變的，被存留下來了。

我們經過痛苦的分離之後，還有能力去愛人、還能相信自己，相信愛情，相信對方，還有能力走在一起，並且走到了現在，我認為不是因為哪一方在等待，而是因為我們並不是只在原地等待，而走進生命裡，通過時間、通過誠實認真地面對自己，面對生命，去還原那份愛裡最重要的東西。

一份真愛在生命中存在過，就永遠存在，不必宣誓「我永遠會等你」，也不用急切地想讓對方知道「我會一直守護你」，不必在他脆弱、混亂的時候急切地想要挽回，不需要因為「可能再也不會遇到這麼好」「這麼愛我」的人而懊悔，人生無法重來，你只能勇敢向前走，去經歷那段時光，體驗自己的變化，並且期望自己得到成長，一份挫折過的愛，唯有通過成長才有可能不再重蹈覆轍，如果你們還有可能，希望那是因為你們都已經走出了傷害，你們不是「復合」「重逢」或者「回頭」，而是在彼此的生命行進之中，終於又走到了一起。

當愛消失後……

遺忘並不是失憶，而是某天醒來，那份傷心、痛苦、深愛、狂恨都褪色了，淡淡的，彷彿影子一樣。但他可能還在你心裡某處，只希望不要變成創傷。

沒有人是不值得愛的，但任何愛的付出都與回報無關，不以結果去計算。

有些愛情到後來走不下去了，只是選擇問題，我們可以自由選擇「離開關係」，「分手」，也可以自行感受「那根本不是愛」「不值得」「被騙了」……「受到嚴重傷害」。

沒有繼續愛下去，無法繼續信任，甚至變成反感，到了「過去一切根本是一場惡夢」的程度，都讓人傷心。愛錯了對象，知道這段愛情無法繼續，甚至不該開始，有太多可能，然而我想說，愛過就是愛過了，珍貴的是那段愛過的時光，即使後來知道充滿謊言，但倘若那其中還有一份真摯，儘管只是一點點也好，都是那份愛存在過的證明。不用因為曾經那麼快樂而羞愧、甚至反過來痛恨，那種快樂即使建立在欺騙上，對你來說也還是真的。

只是，我們不要虛假的關係，即使依然深愛，還是可以選擇，於是作出了選擇，離開，放棄，結束，走遠，但我希望你不要去恨，不要清洗記憶，不要強迫自己遺忘。

遺忘總是會來臨的，甚至比你期待的來得還要快，遺忘並不是失憶，而是某天醒來，那份傷心、痛苦、深愛、狂恨都褪色了，淡淡的，彷彿影子一樣。但他可能還在你心裡某處，只希望不要變成創傷。

人是那樣地複雜，愛又怎可能不複雜？可能會愛上說謊者、背叛狂、軟弱、自私、輕率拋棄的人，但沒有人是不值得愛的，只要你付出的是真摯的愛，不要求回報，不計較得失，而且知道如何去做對彼此最好。即使最終你收回了這份愛，或者這份愛消失了，你愛過，你有能力去愛，並且沒有因為這份愛而傷害他人，傷害自己，即使在痛苦的經歷裡，這份開始得美麗、結束得殘忍的愛，也會在許久之後，讓你更加了解愛，理解自己。

到底是不適合還是需要磨合？

誰會跟誰戀愛，誰能與誰白頭？這不是一個人說了算的，無論是不合適，或只是需要磨合，愛情的存續，關係能否繼續，依靠的就是兩個人的意願。

你說與伴侶正處在動不動就爭吵的階段，兩個人都精疲力竭，並不是不愛對方，卻不知道問題出在哪？「要怎樣才知道，兩個人是不適合，還是需要磨合？」

這個問題我也問過我自己。我曾說過我與阿早結婚後才發現我們非常「不適合」，個性習慣性格都天差地別，這樣的兩個人放在一個屋簷下，很快就開始發生衝突，至今我有時還是會在爭吵的時候想「我們倆會不會真的不適合？」但即使這樣想，也沒有妨礙我們繼續相愛，因為我們自知不合適，沒有設想要多麼快地成為「天造地設的一對」，對於種種不合都覺得可以理解，對於相處不再抱著浪漫的想像，而是像在學習某種依然不會的技能，「學習跟這個你很愛的人相處」，爭吵、衝突在所難免，只要每次進步一點點，就覺得越來越好。

我見過有些情人真是一拍即合，天生就像組合好的零件，完美地搭配在一起；我見過有些人在前一段關係裡衝突不斷，換了一個對象卻就像換了人格似地，那些問題都迎刃而解。有些人天生就是好脾氣，不管跟誰都可以相處得很好，有些人身心健康、擅長愛人，與這樣的人在一起，記憶裡都是快樂。

可那都是別人的故事，至少我知道我不是那種人，我不奢求一個為我量身打造的情人。

要先理解自己是怎樣的人，也可以從感情的互動裡理解自己，有時，你或許就是最難相處、最無法同理他人、充滿不安全感的那一個，只是你並不知情。理解了自己，也要理解你愛的人，他是活生生一個人，不只是你想像中的扁平人物。

誰會跟誰戀愛，誰能與誰白頭？這不是一個人說了算的，也不是可以是先計畫、規畫好的，但我知道一件事，無論是不合適，或只是需要磨合，愛情的存續，關係能否繼續，依靠的就是兩個人的意願，你們願意繼續，那麼前面再多的阻礙也阻止不了你們，但倘若因為各種因素，彼此都覺得繼續下去太疲憊、甚至茫然不知為何繼續，或者有一方不想繼續，那也未必就代表「放棄」「不愛了」「沒有毅力」，愛情是自然發生，也可能自然消失，「努力」與「勉強」就只是一線之隔。自然地分開，也是一種愛的方式。

衝突不斷的時候，除了思考我們合不合適，我覺得要追問的是，「我們還在相愛嗎？」，這份愛不只是「我覺得我愛你」「可是他對我那麼好」「我們曾經那麼快樂」「在一起很痛苦，可是分開更痛苦」，我說的是「現在」，在爭執不斷、衝突頻仍的此刻，你們還在「相愛」嗎？亦或者過去雖然累積了情感，也產生依賴，有過美好的記憶，這段時間，你們可能已經荒疏了愛情，或者你們因為各自某種因素，逐漸變得自我中心（或自以為是）、把關係視作習以為常、理所當然，或者各自發生了人生的危機、或處在某種不順利、不如意、不快樂的處境，你們把更多心力都放在了「外部事件」，對於伴侶產生的是「需求」，希望得到安慰、同情、理解，而自己暫時卻沒有能力「去愛」，有時兩個人都處在這種情況下，相處時更多是在宣洩情緒、表達需求，甚至是把在外面世界所承受的壓力、困擾都帶回與伴侶相處的時間裡一次宣洩，如此一來，爭執是必然的。

另一種可能是，感情上雖然相愛，但卻擺脫不了對於愛情與關係的種種想像，這個階段的爭吵，大多是因為「我認為你該怎樣怎樣」「我希望你為我做些什麼什麼」「我覺得我們現在應該如何如何」，沒有著眼於兩人相處的真正現實，沒有從兩個人真實的互動去摸索出可以一起走、一起生活的方式，而只是各自把對共同生活、對愛情關係的想像與需要都投射在對方身上，進而感到不滿、不舒適，這些不滿足又沒有辦法通過有效的溝通來解決，看起來就會變成「不斷的爭執」，這些爭執並非基於「意見不同」，而更可能是「都想要對方聽我的」。

回到根本問題的探問，我們依然相愛嗎？這份愛到底是處在什麼狀況呢？現在的我，有能力愛你嗎？你有能力愛我嗎？當我們爭執不休時，我們是在愛嗎？亦或者是在爭奪主導權、控制權，或者是之前累積的理解與信任不夠，對於對方有錯誤的想像，現在只是在「面對現實發生的落差」。當這些日常生活、真實相處，落實到細節裡「愛情」所展現的樣子，以及自己在愛情裡所「呈現的真實面貌」，逐一在關係裡展現了，兩個人的愛情也在經歷一次質的改變，現在這些爭吵，衝突，就像是「驗收」，你所愛的人在面對困境、衝突、情緒時，會用什麼樣的方式表達？你自己又會以什麼樣的方式去回應，承接？當你以這樣的角度去理解爭執與衝突，就不再只是「合不合適」的層面，而是，我們能否在衝突中看見愛的啟示，這些看似哭喊、控訴、爭執、辯論，甚至就只是一些指責，沒有道理的挑剔，當你心中抱持的如果還是傾向於「盡力去愛」，或許就可以置換成「每一句看似爭執的話語背後都代表著一個需要被理解的問題」，而且不只是單方面，而是雙方都可能處在某種需求中。

那麼，誰可以在這個時候「拿出力量來轉化」呢，當然就是比較有能力去愛的那方，總是要有一方先冷靜、振作起來，將這些鬼打牆的爭吵作一個提升，先停止「你這樣就是不愛我」「為什麼我都要聽你的」「但是你都不怎樣怎樣」，無論是不合適或者需要磨合，當你們仍在一個關係裡，總得有人出來解決問題，我會鼓勵你，自願成為那一方，設法從循環不斷的爭執裡跳出來，倘若都可以鬧到分手了，那麼還有什麼不能談，除非不曾深愛過對方，否則，分手不正是最傷心的事嗎？當你想著，你們正因為不斷的爭執要走向愛情的盡頭了，這個時候，難道不值得你緩下來，收斂自己的自尊心、情緒化、甚至那種沒有被好好愛的懷疑，先把自己的需求擱在一旁，耐心聽聽對方到底在跟你吵什麼？他究竟想表達什麼，有什麼是你可以做的。他跟你吵，你可以不要吵。當爭執出現時，你設法讓自己扮演那個把「吵」變成「談」與「聽」的人，或許你會聽出真正的答案，你們是否還相愛，你們要不要繼續，可不可以繼續，答案會非常明白。

不想繼續在一起的戀人，不需要繼續，愛情是自然的，毋需勉強。只是當我們還看不清楚使我們痛苦的東西是什麼，我們還不知道我們是因為在一起的摩擦而痛苦，或者我們只是害怕失去，不想要分手，恐懼孤獨，又或者，你什麼也搞不清楚，你其實還不太會愛，也不知道如何處理紛爭、如何解決衝突，你只是戀愛了，然後每一次到了真正要去實踐愛情的時候，那些並不是愛的事物就會跑出來阻礙你，而這一次，你試著鼓起勇氣，無論繼續或分開，都不要急，或許這就是相處的最後時光了，那麼，即使是最難聽的爭吵、最沒道理的衝突，也都是相處的最後畫面了，你會想要急著甩脫？或者想要讓時光倒流？你想要再見他？或者想要緊緊抱著他？或許最後答案是，即使經歷衝突，你們依然相愛，還是願意各自退讓，讓出一塊愛情可以生長的空間，再給彼此一些時間，好好地相處。又或者，你們終於在這些相處裡看見了自己不喜歡對方的那個部分，或者你看見的是對方已經愛上了其他人，或者就是你們的愛無法好好落實，分手是比較好的決定，或許結局是傷感的，然而，這一切的一切，依然值得去嘗試，當爭執的風暴纏繞著你們，是否能夠勇敢地伸出手，不是指責，而是停止，是擁抱，是讓一切安靜下來，聽聽那些喧囂底下的聲音。

如果不是因為在乎，又何必這樣那樣地爭吵。面對在乎的人，又何妨再給彼此一次、兩次的機會，即使結果還是要分手，在最後的相處裡，至少也可以幫助彼此，對於愛有多一點的理解。

給工作狂關於愛情的提醒

當對方提出被忽略、關係冷淡、相處時間太少，你應該慶幸他提出了問題，而不是暗自忍耐，到忍受不了時才求去，或者選擇「你不陪我有其他人會陪我」的移情。

最近開始準備寫長篇，去圖書館找了很多資料，知道接下來這本書得做很多功課，我一頭栽進蒐集來的書籍、史料、影片等，自己讀得入迷，有時也會忍不住想跟阿早分享。

「太太，你要注意，你又會開始人在心不在一兩年了。」睡前阿早對我說。

「好，我會注意。」嘴上雖然這樣說，心裡卻還在想著我的那些資料。

幾天過去了，有一天上街去買東西，覺得外面的世界看起來有點奇怪，好像什麼都矇矇朧朧的，我赫然想起自己確實整個燃燒起來了，沒日沒夜在讀資料，連作夢都夢到那些史料的內容，我想起了阿早的叮嚀，確實啊，可以沉醉在準備寫小說的狀態裡是最快樂的，那種快樂可以讓我廢寢忘食、蓬頭垢面，除了簡單吃喝，什麼都進不了我心裡，然而，我這樣的時刻卻是把最親近的人拒絕在外面了，小說一寫就是一兩年，倘若阿早不提醒我，我完全不會注意這個問題，即使天黑就收工的我，也會以讀書的名義，繼續讀書，即使兩個人一起吃飯、走路，我腦子裡可能也都是在想我自己的事，或許，寫作就是需要這樣專注的狀態，但是，我是有伴侶的人，所謂的伴侶並不是只有閒閒沒事或者自己輕鬆高興了才要去關心的，我從事一種別人無法參與的工作，並不是寫小說最大，我還是要提醒自己，愛情與關係並不是「消遣」，我不能自顧自地又走進自己的世界裡。

「我如果又很嚴重，你要提醒我。」我跟阿早說，「我會提醒你啊！不然你會走火入魔。」他笑笑說。

倘若是以前的我，應該會很生氣地說：可是我在寫小說啊。或者在心裡抗議地想著：你都不支持我。

然後一直往「做一個小說家的伴侶你應該知道我就是會這樣啊，你要接受全部的我，難道你不知道寫小說對我很重要嗎？我也不是不要陪你啊，可是我很忙啊，我又不是在玩……」這種方向一直傾斜，對方的任何反應都會被我解讀為是在反對我寫小說。我心中會出現「難道我沒有權利專心寫小說嗎？」這種奇怪的聲音，甚至會哀傷地想著：「或許小說家還是適合一個人生活。」

然而多年相處，阿早已經知道我所有思想模式，以及內心的小劇場，他的提醒，不只是要提醒我不要忽略他的存在，更重要的也是提醒我不能過勞，以及與世界完全脫節，不能因為寫小說把身體弄壞，把關係弄糟了，不是只有付出那麼大的代價才能把小說寫好，作為一個成熟的小說家，我應當更節制地把這口氣控制得很穩、很長，並且讓現實生活作為我最好的後盾。

這篇文章是寫給所有自願或非自願的「工作狂」的小提醒，或許你的家人、愛人或伴侶沒有很適切的方法可以提醒你，或許你會把那種提醒看成不夠支持你的抗議，也或許你會有自己已經很累很無奈而伴侶卻還不支持你的錯覺，然而，當對方提出被忽略、關係冷淡、相處時間太少，或者像我這種「人在心不在」的狀況，你應該慶幸他提出了問題，而不是暗自忍耐，到忍受不了時才求去，或者選擇「你不陪我有其他人會陪我」的移情，你該正視的是工作與關係如何找到均衡點，倘若是被公司或上司不合理地要求，長期超過工時，長期透支健康與睡眠，並且犧牲了與家人或伴侶的合理相處，即使萬般無奈，但還是要有意識地知道這是不合理的工作狀態，不合理的是你的公司而不是渴求相處時間的伴侶。

我們時常在面對工作壓力與相處問題時，將壓力轉嫁到伴侶或戀人身上，因為焦慮自己無力改變，對於被提醒或被抱怨會產生反彈，因為無法改變工作性質，無力抵抗公司或上司的工作要求，將這種無力感轉移成對戀人的憤怒「為什麼連你也不體諒我」。

會要求多相處，還希望跟你改善關係的，是對你有心的伴侶，當你工作之餘疲憊不堪，當你健康產生問題，陪伴你照顧你，承受這些代價的，正是你的伴侶而不是你的老闆，你們是福禍相依的戀人，你們任何一方所作的決定，都會影響到彼此，所以每一件事都是息息相關的，即使他沒有用比較溫和的方式提醒你，而只是抱怨或生氣，看起來確實不像體諒，你也要意識到，因為跟一個工作狂在一起生活，確實會令人產生無力感，甚至感覺憤怒，因為「我要工作」聽起來就是比「我想要跟你多相處」來得重要，但事實不然，工作不是非你不可，但你的生活卻是非你不可的，而愛情、家庭、關係也都是非你不可的。你缺席就是缺席了。

對於正在跟工作狂戀愛的人們，我也有個小提醒，與其抱怨、生氣，不如將這件事當作是兩人要一起面對的問題，用鼓勵與建議取代批評跟抱怨，設法讓對方知道你想要的是「透過多相處來改善關係，增進生活品質」而不是「只是單方面要求陪伴」，讓對方知道你理解他的處境與壓力，想要與他一起面對與改善，並且將改善的目標設得小一點，讓他感覺自己有能力做到，而不是工作與生活兩方面都挫敗，或悲觀認為工作與愛情只能擇一。

任何事兩個人一起面對，一起解決，而對於短時間突發狀況造成的不能陪伴，兩個人也要有共識用寬諒的心堅強地度過。

愛情也需要暫停期

真正可以走一輩子的人，不會在一個暫停的時間就離開，不會因為一次爭吵就投向別人的懷抱，此時正在發生的爭執不過是你們漫長生命裡的某一天，某一段時光。

年輕時一連串的戀愛回想起來驚心動魄，猶如搭上沒有煞車的列車，一段關係接著一段關係，有時甚至是重疊的，每段關係結束都是悲傷的，緊接著投入新的關係看起來一開始都很美好，不久後，各種自己未曾想像到的問題立刻出現，而那時的我們都還不會處理關係裡的問題，無論是生活上、相處上，甚或彼此的價值觀、愛情觀，到彼此正在奔赴的未來，有太多「無關愛欲」的問題是成長必經的路程，但那時卻都以「傷害感情」方式呈現，二十多歲、三十歲的我們，其實都還在摸索自己，還在成長，還會經歷改變，兩個想要一起走的人，卻在相愛之後發現彼此心裡都還有傷，戀愛彷彿把那些內在的傷害都明明白白展露出來，甚至，獨處的時候沒有發現的問題，卻在親密關係裡變得扭曲，我看見不好的自己，也看到對方沒那麼好的一面，我們各自的脆弱、破損、受過的傷害、還沒成熟、不夠有自信，甚至是仍在游移、退縮、混亂的自我感覺，在愛情面前，一切都變得好急迫，因為怕自己不夠好，會失去對方，也害怕自己看見對方的缺點，會失去那份愛的感覺，年輕時的每一天都是刻不容緩的，好像說錯了一句話，作錯了一個決定，就會面臨生死的抉擇，「分手」「外遇」「傷害」「情變」，會變成每天都得面對的難題。於是「傷害自己」「逃避」「憂鬱」「自殘」「毀滅自己或毀滅別人」變成解決問題的出路。

年輕的我們不知道其實還有時間，或者該說，我們得為自己爭取時間，有些愛情的問題確實迫在眉睫，沒有立即處理可能會導致疏離，然而，實際上是我們可能就都還在「沒有能力經營長期關係」的狀態裡，越是急迫地想處理那些問題，壓力與緊張可能就會把我們逼向更為難的處境，我們會說出錯誤的話，表現相反的情緒，甚至作出錯誤的決定。

年輕的我們不知道，那些錯誤，那些荒廢，那些眼淚，都是成長的代價，我們感受到的只有失敗、犯錯、後悔、沮喪，越來越討厭自己，越愛越沒有信心。好像不是傷害別人，就是被人傷害，但我們心裡根本沒有惡意，甚至是飽含著愛意的，為什麼這份愛走到後來卻成扭曲自己的詭計？

到底發生什麼事？想不清楚，看不清楚，列車一直開動，連靜下來思考的時間都沒有。

現在的我，回顧過往，我真想對當時的自己說，先靜下來，有沒有辦法讓自己從接連不斷的關係裡「暫停」一下，這個暫停意味著現在不要做任何與關係有關的事，不要急著去約新的人，不要急著「分手」，不要急著「談判」，不要急著「想死」，不要急著給自己判罪，不要急著哀嚎、痛哭、以及在這些情緒引發的下一波反應裡逃進相反的情緒中。

但是要怎麼讓一個年輕奔放熱情充滿的人「暫停」下來？要怎麼讓害怕孤獨、寂寞，不敢面對獨處時的自己，那個我，有能力知道「暫停」是一帖良藥，它無法醫治任何疾病，但確有能力阻止不該出現的破壞。

倘若當時的我按下暫停鍵，我能度過那些令人恐慌的未知嗎？那些現在的我知道其實就是「等待」，就是「讓子彈飛一會」，就是把即將脫口而出的話吞下去，就是讓那些噴湧而出的情緒在心中而不是宣洩出來，就是不要立刻「作為」，不要緊接著下判斷，那些等待的時間裡會發生什麼呢？可能對方會因此跟別人跑了，可能對方會以為我不夠愛他了，可能他連「暫停」的機會都不給我，可能他會說「你要暫停還是要我」，可能他正舉著刀子，或者大醉大哭，可能他正瘋狂叫罵著你，可能有兩個人都在要你作出決定，可能你即將失去一切……

其實那些你都承受得起。

但當時的我不會知道。沒有誰失去誰不能活，沒有什麼事真正會把你全部摧毀。只要一息尚存，你仍有機會創造自己的未來。

我要怎麼告訴你，使你明白，真正可以走一輩子的人，不會在一個暫停的時間就離開你，不會因為一次爭吵就投向別人的懷抱，你真正會長久愛著的人，此時正在發生的爭執不過是你們漫長生命裡的某一天，某一段時光，即使分開了，會走在一起的，最後仍會尋覓到彼此，沒辦法走在一起，人生還有其他可能。

那些做錯、做壞了的事，只要還活著，就有機會改正。

我要怎麼告訴年輕的我自己，慢下來，你身後的魔鬼會變得沒那麼巨大。

那麼是不是可以在還沒爭吵、還沒瘋狂的時候，在關係還有餘裕的時刻，彼此約定，「讓子彈飛一會」，發生問題時，提醒自己、也提醒對方，「我們暫停一會」，先不作任何決定，害怕獨處的人去找找朋友（但不要立刻尋找曖昧對象），做些跟愛情無關的事，去運動、散步，或任何你習慣最容易讓腦子放空的事，去找一位你最信任、最理解你的老師、長輩、親人、好友，這時不要做任何會傷害感情的事，有能力的話，甚至可以不要做任何事。讓子彈飛一會，別催逼他的方向。

單身的人，在這種危急的時刻，也讓自己從各種愛欲關係裡「暫停一下」，去旅行、去學一種語言、運動、技藝，去做一件跟愛情沒有關係，你在有伴時一直沒辦法去做的事，去嘗試各種交友經驗，但不要急著「談戀愛」。

這個暫停的時間所積累的，不會是破壞的力量，沒有引導任何感情的走向，你只是靜靜聆聽（如果有能力的話），靜靜等待，你只是讓生命自然地走動一會，在沒有愛情的催逼下，有機會看看自己內心藏著什麼，不計較寵辱得失時，我們真正的感受是什麼。我們都是不足的，不夠美好的，甚至不夠堅強、勇敢、誠實，但這些都是我們之所以繼續努力學習的原因，暫停一會，再回到愛情裡。

我不知道這個暫停會改變什麼，也不知道需要暫停多久，但是現在的我知道，我們時常都需要這種暫停的時刻，即使時間依然在流動，生命不斷奔逝，這個「暫停」是我們即將學會的一種生存之道，這種能力會在需要的時候為你爭取一個空間，一份只屬於你的時空，在那兒，你可以安靜審視自己，修補自己，或者只是放空，讓那些惡的、恐怖的、痛苦的東西，靜靜地流出來。

我無法告訴年輕的我自己，我也無法使年輕的你相信這些話，但我寫下來，就當作是一股吹過的風吧。感受一下。

我總是祝福著你。

有些分手是好事

當他說要分手的時候，再怎麼努力也只是你一個人的事，誰也不能阻止你繼續去愛，但這份愛，無法保證你能改變結局。

大多數的分手都是會有一方處在「非自願」的狀態，相愛需要兩個人同意，分手卻只要一個人就能決定，這是愛情最殘酷也最真實之處，因為相愛是兩個人自願、主動的關係，但只要一方不愛、不願意或不想要，愛情關係就自動失效了，即使苦苦追回、努力挽留，甚至抵死不從，其中一人離開了，這段關係就無法成立。

遭遇非自願分手，甚至強迫分手，一定是痛苦的，有些人苦苦思索不得其解，對方也不願說出真正想分手的原因，「不愛了」「不喜歡了」「感覺消失了」「都是我不好」「我是個爛人」，或者對方根本不提出分手，只是跟你漸行漸遠、甚至對你越來越冷淡，讓你忍受不了而提出分手，或者沒有分手，他直接開啟了另外一段關係，逼你非走不可。

這些分手對非自願的這一方看起來都是不利的，還在乎、還在愛裡的那個人肯定是比較痛苦的，但換個角度想，如果這個人連處理分手的能力都沒有，這個人連跟你好好把分手原因說清楚都沒辦法，只會用冷淡、消失、逃避甚至是直接逃走，這樣的人，怎麼可能與你一起面對漫長一生中會遭遇的各種困難，怎麼可能與你一起患難、一同成長？無論你們經歷過多少美好、累積了多少記憶，走到這裡，他就是不要了，你一點辦法也沒有，你們已經失去了繼續下去的能力，被分手的一方一定非常痛苦，也感到無奈、無助，甚至是被拋棄的悲憤，但是，除了悲傷、痛苦、反省，你還必須認清這個人其實「無法勝任」你的人生伴侶，也不再是你的選項了，他可以選擇分手，你也可以毅然選擇放下，你並非沒有選擇，也並不是只能哀嘆自己一定犯了什麼錯，或者自己是不是變得不可愛了，「被分手」不過是兩個人解除了戀愛關係，是這個人不能與你一起成為戀人，並不代表你的失敗。無法處理善意分手過程的人，肯定也不能好好與你相愛，這是非常簡單的道理，這樣的分手，長遠來看，對你未嘗不是好事，你可以從這段無法一起開創未來的關係裡離開，將來還會遇到可以一起努力的對象。

我時常看到這樣的例子，某些戀人相處時吵吵鬧鬧、打打罵罵，怎麼都不對盤，有時吵得天翻地覆、兩個人簡直像走到噩夢深處都走不出來了，痛苦地分手後，看到他們各自有了新對象，簡直就像換了人格似地，過去不會做的事開始努力做了，過去計較的不計較了，有些人甚至連事業、人際關係都變好了，甚至連長相、穿著都變了，真是太奇妙了，只能說，有時人們是通過一段不舒服、不適切、讓你撞破頭似的關係裡，了解到愛情無法勉強，相愛並不等於可以相伴，墜入情網非常容易，但維持關係卻是無比困難。

「為什麼他不好好跟我分手」你可能會這麼想，但這也是愛情裡無法勉強的地方，我們甚至就是得通過分手的過程，才能夠更加理解一個人。

「我怎麼知道什麼時候我應該放棄呢？」「會不會他只是一時迷惘？我要不要繼續等待？」這些念頭一定會有，但是，親愛的，當他說要分手的時候，再怎麼努力也只是你一個人的事了，還想愛他的心意，想要繼續的渴望，心中依然還有的眷戀、深厚的情感，都只能放在自己心裡，要等待？挽回？改善？也都不是一個人可以完成的，誰也不能阻止你繼續去愛，但這份愛，無法保證你能改變結局。

「可以努力，但不要勉強」，我們都是通過相愛、相處來認識對方，這是自願的互動，誰都可以中途喊停，沒有任何一段感情重要到你必須喪失自尊、放棄人格，甚至必須要扭曲自己才能維持。愛情都是摸摸索索開始的，必然曾經有過美好、有過恩愛，有過兩人心意相通的時刻，後來走不通了、不能相互理解了、不願意互相陪伴了，即使看起來好像過去的努力都白費了，即使只有你一個人留在現場，即使你像是那個被拋棄的人，你也可以通過自己的思考、反省從中找到有助於你生命的片段，你不是只能反覆地活在「為什麼他不繼續愛我了」「為什麼他還在這時候分手」「為什麼他不願意告訴我為什麼」「為什麼他正在快樂而我卻這麼悲慘」這些鬼打牆的糾結，給自己一段時間悲傷、哀悼，認清兩個人走不下去不可能只是一個人的錯，而是互動的結果，這條路走不通，還會有其他你可以走的路，不要強求、不要企圖改變事實，你依然可以從這段過往裡找到美好的記憶，珍惜那些記憶，不要留戀、別追悔，而是讓這些好的、不好的、做對的、做錯的，都當作是下一段關係裡可以改善、珍惜、努力的方向，不要自憐、也不要自毀，愛情本就是一生的課題，這一課結束了，你還會進入下一個課題，你可以讓這份離棄成為讓自己蛻變的力量。

有些分手是好的，只要你能通過眼前的痛苦，只要你終於體會到你經歷過的都沒有白費，只要你不繼續活在悲傷、自毀、不讓一次失去把人生擊垮，他沒有能力處理的分手，你可以用自己的善意讓這個故事有個更好的收尾。即使還不能祝福，至少可以放手，即使心中仍充滿殘念，也不讓自己就此失去勇氣，因為你認真愛過，就不要用悔恨作為結束，愛情裡的努力不保證幸福、不通往回報，每一段半途而廢的關係，也可以是生命裡貴重的學習。

有些分手是好的，我們在體會了失落之後，才會知道，我們可以無怨無悔去愛，可以不顧一切去愛，更要學會在應該停止的時候，勇敢選擇離開，作出對愛最好的決定。

我就在這裡不走

與其讓自己逃來逃去，讓腦子變得更混亂，不如靜止下來，兩個人的問題，就讓這兩個人去解決。

與阿早在這些年時，無論我們如何爭吵、冷戰、發生任何問題，無論我感到怎麼挫敗，或者我使他如何生氣、難受，我們頂多只是各自出去走走，過幾個小時，又會回到家裡，待在自己的房間，或者偶有他睡在客房裡一夜，有一兩次我到朋友家或老師家討教，當天我們還是會回家，我們不曾有人離家出走，或者跑去哪兒另找安慰，即使我們無法立刻和好，即使待在安靜的屋子裡，靜默的氣氛令人感到難受，我們終究還是回到家，我們會用各自方式讓對方知道，「我還在努力」。

年輕時我從不知道這份「留在現場努力」的重要，那時我是如此脆弱，若不是繼續瘋狂地大吵，就是在心中不斷地扣分，或者六神無主地四處奔走，無法在情人身上得到的安慰，要去別人那兒尋求，有時，就這樣，他外遇，或我外遇，或者做了難以挽回的事，關係裡的問題越來越大，最後導致關係無法繼續。

感情裡的問題，那些使人不安的逃竄、一分鐘也靜止不下來的害怕、哭泣、恐懼，事實上需要的就是靜下來面對，除了尋找朋友或親友的協助、開導，甚或嚴重時需要專業的諮商或心理治療，但，別人可以給予的，也不過是一些勸慰，一些鼓勵，問題仍需要當事人自己回去面對，關係裡的問題，還是得回到關係裡去處理。有時，那些問題是需要更長時間才得以化解的，是需要時間去證明的，光是哭喊著「我很愛你你為什麼感覺不到」「我很需要你你為什麼不在我身旁」「是因為你不要我我才去找別人」這些話語是無法讓事情好轉的，所謂的愛情，一份真正可以實現的愛，需要的就是你的努力與勇氣，需要你突破自己心裡的限制，需要你靜定下來，承受一些孤寂，流一些眼淚，承受心裡巨大的疼痛，即使這樣，當你要實現這份愛時，你須知道，唯有真正做出「愛的行為」，那才是可以被感受到的愛，在面對關係的問題時，無論自己多孤獨、多脆弱、多傷心，只要一方將觸手伸出去尋求他人的慰藉，這就是在破壞關係了，這個時候你想到的是自保，是自己的感受，是如何排除痛苦，尋找安慰，因為太過脆弱以至於沒有能力想到這個行為會導致關係另一次的崩潰，這些看似尋求一根繩索的作法，不但無法解決你的痛苦，可能還會導致新的一波問題。

這時你所能表現出來的愛，不是大聲疾呼，而是止血止痛，至少必須是，清楚意識到，我們現在很痛苦，我們現在狀況不好，我們現在可能都還沒能力讓彼此感受好一點，但至少我們可以選擇不要再讓對方或自己痛苦。

能不能繼續在一起，往後到底會變成什麼關係，都不要急著決定，我常在想，倘若最後真的會分手，那何必急於一時？年輕時的我，往往都只是無法面對情人的哭泣、生氣、或者暴怒，甚至無法面對自己的痛苦、慌亂、恐懼，我以為立刻分手、逃離現場或改變關係，就可以停止、或使那些痛苦消失。

實際上，當你們花了多久的時間去愛，你就需要相對的時間去分手，需要相對的時間疼痛，需要相對的時間痊癒，這些是逃避不了的，與其讓自己逃來逃去，讓腦子變得更混亂，不如靜止下來，兩個人的問題，就讓這兩個人去解決。

但我知道這很難，我自己也是花了好長的時間才體會到，最終那些在你空虛、寂寞、沒有自信、感到惶恐時招引來的，安慰、陪伴或戀情，因為在錯誤的時間、機緣下開始，也可能會是下一段你必須再度逃離的災難。

當你勇敢起來凝視關係裡的問題，當你就是心無旁鶩地，即使感到絕望、悲傷，甚至無助，你鐵了心地想，「我就在這裡不走」，當你心中這麼篤定，即使你不知道你迎接的會是什麼，即使你鐵了心不走，對方可能會走，即使你不知道到底他有沒有那麼愛你，值不值得讓你這麼努力，但一件事歸一件事，我們只是專心去面對這個人，直到彼此都認為「已經盡了全力」，至少你把這條路走過了，你的決心與努力，你為關係所作的嘗試，當你這樣專心致志地不逃避，當你不是在想著「我有多痛苦」，而是想著「我還可以為你做些什麼」，有許多問題會突然迎刃而解，因為那些「你到底愛不愛我」「為什麼我這麼努力你都看不到」的疑惑會轉為「我是否真的愛你」「我有沒有真正愛到你」「我這樣做真的是愛嗎」，你們會回到關係本身，你會知道愛的心意一直都是在的，只是你有沒有能力在關鍵時刻還是將這份愛實現出來。

這是一條漫無止盡的學習之路，與其追問「我夠不夠好」「我吸不吸引人」「是否有人會好好愛我」，何不回過頭來好好思考，我一直好好地在愛嗎？我有能力付出愛了嗎？我對他所做的是我想要給予的愛，關於還沒有能力去愛的我，我還有什麼可以做的？

即使這時我們無法擁抱對方，但我們也沒有背棄對方，我們沒有放棄「我們」，我們至少可以一起安靜坐在這無邊的黑夜裡，心痛地知道，愛人好難，相處更難，然而我沒離開，我還在努力，我知道你也正在努力著。

III 下一階段更美好

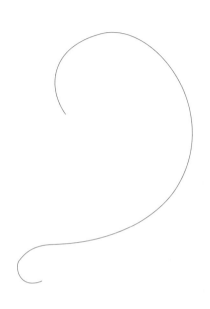

打磨愛情：在親密關係中保持自我

這些選擇之中，靠的不是要求，而是調整，不勉強地把自己跟對方的選項調整在一起，重點在於「有彈性」，而這份彈性來自於對彼此的信任跟理解。

與阿早一起的生活日日充滿試煉，我們喜好不同，消遣各異，工作時間與性質更是差異很大，起初衝突不斷，甚至也產生過「我們就是那種相愛容易相處難的戀人」，經過多年相處，我們發展出自己的相處之道，看來日日相伴，但很多時候我們都是各做各的事，各自不同時上床睡覺，親密中依然保持著彼此的空間。

剛同居時，為了幾點睡覺，調整了好久，不知那時哪來的奇怪想法，好像到了夜裡就得一起去睡覺（我因為入睡困難，總以為我睡著後她進房會吵醒我，心裡很焦慮），那時她下班晚，要休息好久才能放鬆入睡，我就會等啊等的，一邊擔心熬夜了，也催得阿早心亂。幾經調整，我決定自己先睡，晚上我的睡覺時間到了，就自己帶著書本進房間，用自己習慣的儀式，聽音樂、看書，很像以前一個人獨居時那樣，阿早究竟幾點進房間，何時入睡，我也不清楚，我是生活樣樣照規矩的人，而他則隨性許多，這麼一來，兩個人的睡眠都回到自己喜歡的狀態，也不感覺疏離，後來阿早說：「你睡得跟豬仔一樣，我進房間吹頭髮你也沒醒。」原來以前是我多慮了，一起入睡雖然浪漫卻絕非必然、各自在最適合自己的時間睡覺，彼此都好。

吃飯的事也是一樣，早餐是生活裡最固定會一起做的事，但遇上阿早有課，也是各自吃了，其他日子裡，早一點起床，就可以在家好好吃一頓早餐，那時經過一夜休息，反而可以好好談話，若無特別想說的話，各自看書，靜靜相陪。

阿早少吃午餐，我多半自己吃，有時幫他買點食物回來，晚餐我吃得早（我是屬於白天吃很多，晚上少吃的進食方式，非常規律），若一個人吃，大約五點半就完食了，為了一起吃晚餐的事，也調整了許久，阿早下班到家時多半已經七點，若我想跟他一起吃，我下午就先吃個小點心，若實在餓得慌，或者今天不想吃兩頓晚餐，就各自晚餐了，完全自由選擇，不勉強。放假時阿早若想做晚餐，我就自己調整一下用餐時間，也不催促他，讓他依自己的時間表，做想做的食物。

這種「各自睡覺」「各自吃飯」的共識，其中仍包含很多相處的訣竅，重點都在於「不要忍耐」「也不讓自己委屈」「別以為對方應該要為自己做什麼」「完全出於主動、自由的選擇」，這些選擇之中，當然也包含了想要「相處」「在一起」的選項，靠的不是要求，而是調整，看用什麼方式不勉強地把自己跟對方的選項調整在一起，重點在於「有彈性」，而這份彈性來自於對彼此的信任跟理解。

我是跟阿早在一起第七年了，才發現自己過去那種習慣勉強自己配合別人、或者暴走起來就覺得「誰都不適合我乾脆一個人算了」的孤僻，搖擺在兩者之間極端狀態，慢慢地解除了，原來我也是可以靠著種種方法，讓自己既不落入絕對的孤獨，也不失去全部的自由，那些相處的方法與訣竅，不是什麼技巧，而是慢慢地學會信任，這種信任是「好好把自己心裡的感受說出來，對方可以理解的」，以及「當對方在表達自己的意見時，不要急著抗拒、爭辯、或者胡亂想成他一定覺得我哪裡不好」，這種信任是靠著一次又一次的誤解、溝通、放下成見，「原來他是這個意思」，「說不要真的不會影響到感情」，慢慢學習而來，除了這樣累積的信任，還要培養出正確表達自己的勇氣，以及接受拒絕的能力，「信任」「勇氣」「能力」這些看起來好像跟愛完全無關的事，實際上卻是對愛最大的考驗，我們總是要經過很多挫敗的經驗，才真正理解，自己對愛的需求、渴望是那麼強烈，但現實中卻很少學習如何去愛，用什麼方式愛，以及如何在愛情中成長。

想想現在的我大概只學到小學的程度吧，我依然要在每天的相處裡，慢慢戒除長久以來累積的壞習慣（依賴、盲從、怯懦、多疑），透過每天大小生活瑣事的磨合，一次一次看到自己以為的自己，在親密的人面前時，時常不小心就會產生的歪斜，還需要多次的調整。

大多數的人面對戀人時，看到的都是對方的不足、不夠，看到的是自己期待的與現實的落差，感到失落或不滿，卻忘了戀人是自己最好的鏡子，既能反照出自己，也能映照出你過去累積的傷痕，以及你們的現狀，當你不再只是計較著對方為何不怎樣怎樣，而是想著自己還可以如何如何，當你們彼此的協調不只是妥協、委屈、退讓，而是透過親密關係產生的磨合，是主動且自願的改變與調整，當它的力量正確時，並不是在磨損你們的愛情，而更像是打磨自己，打磨這份愛，看到關係的困難以及各種可能解決的辦法，當你們度過了初期的失落、中期鬼打牆的衝突，慢慢走到唉呀原來可以這樣解決啊的釋然，你發現一份愛真正落實下來，並不是人們說的走進愛情的墳墓，而是帶著起伏變化、卻有各種可能、且真正會使你生命改變的，愛與關係的力量。

做自己與成為自己

一段失落的愛不該是摧毀人的，而更應該像是一道階梯，幫助你走向自己。

年輕時我總是想要做自己，甘冒天險，付出什麼代價也不管，為了追求自以為的真愛，日子過得悽慘無比，怪異的是，我明明是那麼真心去愛，在那些時日裡，彼此卻都因為這份愛受了巨大的傷害。

我沒有後悔當初的莽撞與執念，我知道那些漫長黑暗的摸索過程非常重要，是那段強烈的愛衝破了我生命的結界，打開了我已經遺忘的記憶。

但我如今知道，那些與世界對抗的決心不是做自己，只是在成為自己的過程裡經過的考驗。

有人問我，生命再來一次我會如何，還會像當初那樣嗎？

我想，生命再來一次，是不可能的，即使可能，我也無法帶著現在擁有的經驗與學習，去修正或幫助當時年輕無助的自己。

但其實即使人生無法重頭，很多事已經無可追補，最幸運的是，無論你變成什麼樣子，失敗多少次，搞砸了多少事，失去過多少重要的人事物，只要你想要，現在就可以重新開始。

這是我這幾年最深刻的體會。從這一分鐘起，不再重蹈覆轍。

所以我要對你說，現在你該做的不要去追回她，也不是一直懊悔、自責、憤怒，你要做的是去思考、去實踐，接下來如何完善自己，如何從那些你不想要犯的錯誤之中走出來，如何不再犯下你認為不該犯的錯誤。即使你與她將來不可能繼續，但這份愛的心意，這份可以去愛人的能力，還可以再生長，當你從悔恨、失落中走出來，有能力再去愛人了，你會知道，真正的愛不會僅限於一個人，不會是只能去愛這個人否則你就再也不能愛了，因為我們對這人的愛沒有失去，只是改變了方式，沒有了期待，甚至會因為你懂得不求回報地去愛，而從失落與絕望中把自己找回來，把還沒成形的自己鍛造出來。

一段失落的愛不該是摧毀人的，而更應該像是一道階梯，幫助你走向自己，透過這次的失落，讓你更懂得不再犯錯，懂得珍惜，懂得分辨，更認清自己、理解自己，進而修復自我，有能力成為自己。

——我們結婚了！——

「結婚」就像緊箍咒、也像護身符，每當想放棄的時候，都會想到當初的誓言。

最初結婚的時候，對我來說，那是一種浪漫的誓言，想要與愛的對象共度一生，但「婚姻」到底是什麼，支撐著誓言的到底是什麼力量，我卻沒有真正的認識。

結婚第一年，我跟阿早同居兩個月就分開住了，那時我意識到自己有「親密障礙」，過往每一次同居失敗不是沒理由的，只要有人在我身旁時間久一點，我就會手足無措，不知如何自處，我沒想到因為我非常愛阿早，問題反而更嚴重。從同居的屋子裡各自搬走時，天好像要塌下來了，彷彿那是愛情失敗的證明，回到我的小套房時，非常絕望悲傷，我想著這個套房裡來來去去許多戀人，最後似乎大家都會離開（或者被我逼走或趕走），最後收留我的，就只會是這個小套房。

分居後，我們各自都住在套房裡，隔著非常遙遠的距離，漸漸地，我每週到他家住三天四天五天，東西又占滿了他的書櫃，我自己的房子漸漸荒廢了，就像許多戀人那樣，我又覺得「既然如此，何不住在一起呢？」我是個衝動的人，起了這個念頭，就開始找房子。最後我們住到了現在這個公寓裡，距離我的小套房十分鐘路程，是在我最熟悉的地方，但是離阿早上班的地點要五十分鐘車程，他開始了長時間通勤上下班的日子。

第二次同居，我以為自己一定好多了，然而一真正住在一起，老問題立刻發作了，最初為了家具的擺設、東西的陳列，做家事的習慣，這些小事，不知爭吵過多少次，每一次爭吵，我都覺得「完了」，吵成這樣，還有辦法繼續下去嗎？我會想著，為什麼他都不讓我？不順著我？只要他稍微讓步，一切不就好多了嗎？在他面前，我似乎變成了一個毫無生活能力、沒有美感、品味，什麼都做不好的人，那種挫折感，讓我非常痛苦，我一痛苦起來，說話就會傷人，我看到自己那麼多軟弱、脆弱甚至不堪的一面，心想著，他怎麼可能看到了這些還會愛我？我又要如何繼續面對這樣的他？這些經驗，都是過去戀愛裡沒有克服過的，每次出現這些問題，我都會以「個性不合」「感情生變」作藉口分手，我非常害怕衝突，沒辦法處理歧見，不知道怎麼從爭吵裡「復合」。

但是因為有婚姻（即使不合法），「結婚」就像緊箍咒、也像護身符，每當我想放棄的時候，都會想到當初的誓言，我沒辦法像以前那樣離開或逃走，夜裡兩人因為冷戰不說話，甚至分房睡，我總有衝動要跑出去住旅館，或者就逃到遠遠的地方，但當我走到外頭去，一圈一圈地沿著公園繞，最後還是會走回家，「結婚」這個抽象的意義，是我在水中浮沉時捉住的一根稻草，「但是我們結婚了啊」我想著，我只能硬著頭皮，跑去跟他求和，幸好那時有臉書，沒法對話的時候，我就自己寫文章，設法讓自己鎮定下來。

從前我談過很多戀愛，那些愛情裡的人，無論愛得多麼強烈，分開時有多麼痛苦，好像最後分開了，不多久，各自都會找到新的對象，我們雖然好像都可以當朋友，但也特別感覺到，愛情的可替代性，任何人、任何事，都會被新的人事物取代，任何傷心都會痊癒，這樣的愛情似乎很健康，然而，一切也讓人感到虛無。

與阿早結婚後的這些年裡，我經驗到最特殊的一點，就是我與他的愛情，是不會輕易被取代的，不會因為痛苦而被取消，不會因為困難而放棄，如果有一天我們選擇分開，那必然也不會是為了要放棄，而只是進入了另外一種狀態裡，選擇另外一種方式相愛。

我們的關係裡，有著我們自己已經認定的，僅屬這個人，獨一無二的重要性，這個重要性呈現在每一個時刻裡，即使當我犯了錯、發脾氣、因為好強而說出傷人的話，當我覺得沒面子時故意的硬拗，或當我沒有安全感時，會刻意用非常複雜的話術把情況說得讓人摸不著頭腦，我不敢說出自己心中真正的恐懼，我還沒辦法面對那時的自己，連我自己都想躲避不看的時候，阿早沒有因此放棄跟我溝通，即使看起來我們好像在冷戰，然而，他從不曾讓我感受到「他要放棄我」。

正如，每次我想要逃走，每次我被他的硬脾氣弄得氣得不得了，我覺得他如果怎樣怎樣，事情就會好轉，最後我會知道，事情不會總是按照我想要的方式運作，我得讓他用他的方式跟我和好，不管他如何愛我，他不會因此改變他的人生觀，他處理事情的方式，他認為對的愛人方式。

我也應該堅持表達自己。

過去的戀愛，因為害怕痛苦，因為害怕孤獨，因為害怕受傷，或者什麼更為複雜的原因，相愛的人分開了，來不及處理傷害，面對痛苦，來不及消化那段關係裡帶來的所有改變，我們又各自陷入戀愛裡，以為可以從一段愛情裡，從一個新的對象，打掉重練，好像比較快。

結婚後，不能說放就放，沒有說走就走，堅持下來的結果，我才意識到從墜入情網，決定交往到兩人真正地相知相愛，決心共度一生，有著很遠的距離，不太可能一下子到達。喜歡與愛，是截然不同的事。選擇一個相愛的對象，需要更加慎重。

我不知道對其他人而言，婚姻是什麼，然而我們的婚姻，截至目前為止，讓我體會到，愛情，不只是兩情相悅，互相意愛，只是喜歡就好，而是需要深入了解對方，並且有機會陪伴、相處、共度，你們會一起經歷許多快樂的時光，你們也得經歷許多不太甜蜜的時刻，而不管喜怒哀樂，你們還是選擇一起走過，正因為曾一起克服困難，因為你從與這個人的相處相愛裡，理解、看見了自己的傷痕、陰暗、痛苦、軟弱，也看到了對方的所有，你們沒有因為這樣而感到幻滅，而是一起進入了漫長的修復期，努力設法從困難裡掙脫出來，還是要繼續往下走。因為那些我願意，無論健康或疾病、快樂或悲傷、順境或逆境都要一起共度的誓言，不只是一些美麗動人的句子，而是貨真價實，血淚交織的每一個真實的狀況，我想，這是年輕時候的我做不到的，我確實必須要經歷那麼多愛情，那些即使看似徒勞，看似荒唐的一次一次經驗，那些看似可以被取代的經驗，實際上也有著不可取代的意義，那些經歷讓我們成長，長到有能力真正去找尋、理解、認識，到底要怎樣從喜歡一個人，成長到真正有能力去愛一個人，要如何走出自己的自我中心，真正碰觸到對方，有能力去愛對方。然後才有可能堅持，才有可能找到那個不可替代性的人，找到屬於彼此獨一無二的位置。

我們的婚姻與愛情，就在這樣看似互相影響，卻也互相幫助的情況下，讓我理解了愛情的意義，很多人認為婚姻是愛情的墳墓，同居會扼殺浪漫與激情，減少神祕感，失去獨立性，然而，我卻是在失去那些之後，才知道，跟另一個人變成生命共同體，到底是什麼樣的過程，有著什麼意義，與另一個人的緊密結合，也讓我終於不再逃避，不再躲藏，而能夠真正長出對生命的責任，有能力去處理自己內在尚未痊癒的所有問題。這樣的我，與我愛的人，終於有機會可以開始建立一個家了。那必然又會是另一段艱難而漫長的歷程。

愛情不巨大也不渺小

我們把愛看得太大，以為失去這個人所有的快樂都會消失，卻也把愛看得太小了，以為轉瞬間愛情就會破滅。愛得遍體鱗傷，卻也愛得虛無縹緲，發瘋似地追尋，更多時候追尋的都是自己內心的缺無。

早晨醒來，兩人說說話，阿早才起身去做早餐，後來我們早餐都吃得簡單，前天阿早買了拖鞋麵包，我們去超市買了生菜跟起司，也買了「黃芥末醬」，我就知道阿早要做招牌的「番茄起司」啦，真是歡天喜地。

這個夏天，阿早勤於練球，我則是開始慢慢準備開始寫長篇，平時阿早上班或打球，我則是鎮日在家讀書寫作，兩人假日會去上瑜伽課，除了偶爾回婆婆家，幾乎只在家附近買菜或散步，連電影院都很久沒去了，「我們的生活是不是太簡單了？」有時阿早會問我，「我覺得還滿好的。」我說，「我也覺得這樣好。」他說，「這樣就沒什麼問題。」我回答。

三月時一起去旅行了半個月，在外頭時也很好，我專心地工作，其他時間就讓阿早帶著走，阿早一個人時，也有自己的旅行方式，怡然自得。回到家，就想好好休息一段時間，很宅很宅，讓長長的獨處，把體內耗損的能量都補回來。

年輕時，我無論在誰身旁，總覺得心裡慌慌的，不是對方努力向我索求什麼，就是我盲目地需要對方什麼，但無論付出多少努力，彼此都得不到安心，好像總有個怪物會把我們的能量吃掉，把愛變形成某種奇怪的東西，那時的愛，常是聲嘶力竭的，不是被損耗，就是損耗他人，大多是痛苦不堪的，得到痛苦，失去也痛苦。

我不知道是什麼力量讓我不再惶惑不安，那一定是個很複雜的過程，我很確知的是，以前擔心自己不夠好，疑懼別人不愛我，或懷疑自己不夠愛，恐懼失去，卻又害怕被占有，我大概是幾年前不再思考「對方到底愛不愛我」這件事，只是想著自己可以為她做什麼，能夠用什麼方式付出，我幾乎不再「要求」什麼了，一旦棄絕這種「要求」的心理，我發覺自己並沒有那麼「需要」別人給予我什麼，我的心就安靜下來了。

或許有人會覺得「不需要對方，還算是愛嗎？」但這種不需要，並不是不喜歡，或不想為伴，而是某一種如飢似渴、怎麼也填不滿的空洞不見了，別人給予我的愛、給予我的善意、溫暖，反而可以存留下來了，我覺得我就可以獨立生活，我根本沒有自己想像中那麼脆弱，即使在後來身體不好、時常生病的狀態，我也明確地知道，不再渴求，我的狀態就是完整的，愛人與我都是單獨的個體，我不是沒有他活不下去，而是有了他生活更豐富，是我想跟他分享生命裡的點滴。

我也不再尋求那種「沒有我會活不下去的人」，奇妙的是，我不再那麼需要時，反而得到越多。當對方不再呼喊著要我給他什麼，我也能自然地付出。我們不再把生命浪費在「證明愛的存在」，「確定自己確實可愛」，我們只是真實地給予對方我們能付出的，清楚看到自己的限制，也看到自己真正擁有的能力。

愛情對我們來說沒有那麼巨大，但卻變得不再虛幻，過往生命裡我們把愛看得太大，以為失去這個人所有的快樂都會消失，卻也把愛看得太小了，以為轉瞬間愛情就會破滅。而那些時刻，愛得遍體鱗傷，卻也愛得虛無縹緲，發瘋似地追尋，更多時候追尋的都是自己內心的缺無。

我想，這大概也是非得經歷許多許多次空轉的戀愛之後才能理解的，沒有特效藥。但無論幾歲，都來得及。

我們都是在一次一次尋覓愛的過程裡碰撞，得經歷太多太多的錯誤、荒廢、徒勞，才能漸漸明白，許多東西不假外求，除非從自己心裡長出來，否則無法生成，不能靠他人給予。

會隨意被取消的，被取代的，可能只是好感、浪漫，還不能稱之為愛，無論擁有多少都無法讓你感到自己美好的、無能令你覺得快樂的，可能只是需要，可能是一種依賴，也無法稱之為愛。

時至今日，我感受到的是，愛情不巨大也不渺小，它就是每日每日堅實的累積。付出越多越豐盛，你既已擁有，就無所謂失去。

讓戀人成為你的諍友

戀人是你最好的夥伴，會給予你真正建議、會對你表達最真實看法，倘若愛情夠堅固，願意從一段愛情裡學習到人與人更深刻的互動，希望這份愛情會隨著時間成長。

有時是睡前，有時在早晨，有時是各自放下手邊事物，來到餐桌面對面坐下，並不是用餐時間，但我們突然就談起話來，然而談著談著，好像也會知道差不多該停了，我們自然地結束交談。

相處多年，我們早已知道對方何時想說話，何時可以聆聽，我總是很快就可以判斷，此刻的他，是不是處在可以「長時間談話」的狀態裡（因為話比較多的總是我），有些放在心裡的疑惑，需要討論的事物，可這時候提出來與他討論。偶爾也有他主動想談話的時刻，因為情況特殊，我會放下手上的事，專心聽他說，或者告訴他：「等我一下，我把手上的事先處理好。」

有時擦槍走火，某個話題談著談著，意見相左了，或者誤解了，一不小心似乎走樣了，感覺快要爭吵了，若是以前，我可能會因為自尊、因為敏感而覺得難受：「你的意思是什麼？」「為什麼要大聲說話？」「是在批評我嗎？」但後來的我，學會在這樣的時候，換個角度，把即將出口的話放在心裡，有時我們會突然沉默一會，或者我藉故先走開一下，我去喝口水，去浴室照鏡子（過於敏感時我經常這麼做，看著鏡子裡的自己，一臉嚴肅的樣子，笑一笑，）轉換心情。

安靜一會，他突然開口說話，我也就相對應答，方才的緊張消失了，我們閒散地交談，或者各自去做事了，一場可能的衝突避免了。

相處這麼久，我都還是可以突然驚覺自己對他錯誤的理解，比如剛才的言談裡，其實他並沒有要批評、或指責我什麼，愛面子的我，敏感的我，有時光只是面對他的「陳述事實」或「描述某個狀況」，都會感到不舒服，緊張於「是不是被討厭了」「被批評了」，因為以往的情人多半縱容我，對於許多事隱忍、包容、或者也可以說他們可能不在意那些，比如我的雜亂、晃神、丟三落四，但阿早通常會指出那些問題來，我們剛結婚頭幾年，時常就為了這些事吵起來，因為個性、生活習慣天差地別，我總覺得「被罵了」「被管了」「被批評了」，因而想要抗爭「可是我也有我的習慣」或者敏感得立刻辯解「我剛才不是那個意思」，甚就只是為了扭轉局面，搬出一大套道理跟他辯論起來。很久之後我才真確理解，那些話語，無關價值，沒有評斷，只是一個人表達意見的方式，不善於跟人相處的我，並不知道，親近的人，會因為親近而認為可以對你說實話，可以將他對你的觀感直接說出來，有時是基於關心、有時是想要改善，而你也可以不覺得被批評，不感到生氣，只是平靜地「表達自己的看法」。

我真傻，倘若他說我不善家務，倘若他指出我某時刻恍神了，或者，當他說出我剛才某些說話裡顛三倒四、邏輯不通，這難道就意味著他不愛我嗎？當然不是，為什麼相愛的人只能為彼此神魂顛倒，只能看得見對方的美好，為什麼愛情顯現的方式只有讚美，褒獎，迎合？難道我不能相信我們之間的情感早就已經超越甜言蜜語、互相迷戀的狀態，進入真實的相處時，我們都只是平凡的人，會有摩擦、會產生不同的意見，這些差異，極有可能也是我們互相吸引彼此的原因。正因為進入愛情裡，我們更要學習溝通。

愛情的最初，我們總是在追求安全感，我們總是還停留在「他是真的愛我嗎？」「他到底愛我什麼呢？」這些追問裡，我們把戀人的一舉一動、一言一行都看作是「愛的指數」，「愛或不愛的表達」，因為某些不成文的規定，相愛的人被要求只能表現出「狂愛的樣子」，否則就會被當成「熱情減退」，事實上，戀人經過浪漫的觸動，進入相處的細節，很多時候是在相互學習、在試著理解對方，而這些時刻，就會出現許多看起來像是「批評」「檢討」「建議」甚至是「爭執」，自信夠的人，可以笑笑面對對方的建議或說明，也能正確地表達自己的看法，彼此折衝、討論、甚至辯論。自信不足的人，卻將對方每一句話都放大，把對方的每一個情緒都當作「對我的評價」，因而受傷、受挫，進而引發爭吵，這些爭執，都會導致彼此更加不願或不敢表達意見，使關係一直停留在表面的友好，難以有所進展，甚至種下敗壞的可能。

我是在這些年的相處裡，看見了自己許多盲點，看見自己的脆弱與不安，看見自己心中那些無盡搬演的小劇場，我也是在這些過程裡，看到阿早的堅定，起初我覺得他很強勢，我甚至感覺他很暴躁，「為什麼就是不讓我」「可以對我溫柔些啊」，那是因為我無法從他的角度看到自己，我並不知道我一直習慣自我中心，看不到自己的混亂、毛躁、顛三倒四，確實會對跟我生活在一起、或者一起做事的人帶來很多困擾，我以為我只是在「做我自己」，卻不知，「相處」「相伴」是彼此的事，一個人總是自我中心，根本難以與他人為伴，我覺得怡然自得的情況，實際上是由旁人的照顧、縱讓、寬容才造就的。

阿早倘若就像我想要的那種「溫順」「包容」，那麼我們的關係或許早就在多年前已經失敗，因我要他隨我起舞，我卻時常不知道自己的作為會導致關係的災難，甚至，他的順從根本就會造成我對他的輕視，正如過去許多經驗那樣，對我始終溫柔體貼的人，也可能陽奉陰違，若不是導致關係失衡，就是造成他內心的不滿，最後尋求其他慰藉。

實際上，阿早的堅定，並非強勢，他是因為理解我，所以知道不能隨著我的情緒起舞，因他深知我對生活、對日常的無感或輕忽，倘若不經常提醒、對於我們的生活與感情都不好，他知道我長期獨居、缺乏人際關係，根本不知道如何與他人相處，所以在日常生活裡必須要告訴我「這樣那樣會給別人什麼感受」，而不只是一味地讓我任性妄為。

這些都是我在一次一次的爭吵裡慢慢理解的，愛情豈是那麼表面的東西，真正深刻去愛一個人，不只是給予他短暫的滿足、表面上快樂，而是帶給他他自己無法察覺、理解、發現，卻真正需要的。

戀人也可以是你的諍友，是你最好的夥伴，會給予你真正建議、會對你表達最真實看法的人，倘若你們的愛情夠堅固，倘若你願意從一段愛情裡學習到人與人更深刻的互動，倘若你們希望這份愛情會隨著時間成長，會帶著你們走向更親密、卻也更堅實的狀態，那麼不要害怕爭執，不要因為對方的疑惑、不悅或者言語上的不夠甜蜜而不安，而是要試著去除那份焦慮、疑惑，試著從只是「愛不愛我」的表面，深入那些話語、以及那些互動裡，去理解「他到底要向我表達什麼」，並且試著讓自己更勇敢，不因他人的言語輕易受傷，也能夠不動搖地，靜下心來，像照一面鏡子那樣，看看自己會如何反應，還可以怎麼反應。我們能否化解一次衝突，並讓它變成一次進一步理解對方的機會。

我知道我不完美，他也知道自己不完美，也看到我的不完美，但這並沒有妨礙我們相愛，而是讓我們相守，相互扶持，在這艱難的人世裡，最甜蜜的話語不是讚美你的美好，而是指出你的不足、辨認出你的錯誤，並且願意陪伴你一起去面對。

放棄溝通等於放棄關係

在愛情做個強者，那個強不是強勢、也不是強迫，而是讓自己成為那個無論順境逆境都敢於承擔的人，被誤解、被辜負，只是踏入溝通之路的一些小石子。

聽聞身邊交往多年的戀人好友正陷入冷戰裡，一次冷戰就二十天不互動，已經面臨分手的邊緣，我分別約了他們兩人，想要了解各自內心所想，多年愛侶，為何走到這樣的地步。

無論如何，都不要放棄溝通，放棄溝通，就等於放棄了關係，因為缺乏溝通的關係只是表面上的和諧，但溝通不是抱怨，也不是爭吵，而是「努力互相理解」，即使剛開始看起來就像是抱怨跟爭吵，那些只是開端，我們通常會陷入的狀態就是「互相不滿」「覺得委屈」，大家都希望事情照著自己的意願走，個人都覺得自己已經盡力、滿腹辛酸，然而愛情關係特別的地方就在於，你們是生命的共同體，彼此的工作、生活、情緒、時間都會相互影響，任何一方傾斜，另一方也會發生變化，要先理解彼此關係的互相勾連，才會知道所謂的相愛並不只是愛來愛去，甜甜蜜蜜，必須作好「有難同當」的準備。

最怕的就是陷入情緒上的惡性循環，無力感、覺得說什麼都沒用，或已經累到懶得說了，正是因為狀況不好，更需要仔細說明。有時關係的毀壞是在某個關鍵時刻沒有提出來討論，甚至逃避、或用了錯誤的方式表達，彼此的誤解越來越深，也越來越不知道對方在想什麼，為什麼這樣或那樣做，甚至就轉向冷漠、疏離、甚至尋求其他的安慰。

相愛是自願的，不想繼續努力也沒關係，說清楚就好，但，很多關係是明明還相愛，卻沒有辦法好好去愛，簡直像是鬼打牆似地，就卡在一些莫名其妙的地方，我覺得那些地方，就叫做「誤解」與「責怪」。

即使相愛、相處很久的兩個人，也未必就可以心意相通，有時遇到各種狀況，比如家裡的事、工作上的變化、甚至自己健康上、人際關係上的緊張，都會造成情緒的困擾，進而轉移到關係裡，我們可能希望對方多體諒，但卻無法讓他理解自己目前的處境以及變化，有時在外面受到打擊了，回到家，最親密的人卻正在生我們的氣，那種裡外夾擊的感覺真是遭透了，可是，即便如此，還是要想到，對方並不是你，他沒有看見、聽到、親身體會到你的處境，我們想要得到體諒，還是需要讓他理解自己正在遭遇什麼變化。

誰都不想被誤解、不想被責怪，但我們可以做的事不是感到委屈，覺得被辜負，而是要意識到，在這樣的情況下，可以做的還是溝通，我們永遠只能掌握自己可以做些什麼，而無法要求他人為我們做什麼，當然，倘若你已窮盡一切辦法，用盡了所有力氣，對方依然自私、絲毫不願意為關係努力，你隨時隨地都可以喊停，沒問題的，愛情就是自願自發地付出，當然也可以自願自發地結束。

重要的是，你們是不是已經不相愛了，是不是不願意再努力了，是不是都覺得分開比較好，如果還願意在一起，那麼，兩個人都要想想辦法。

我總是鼓勵大家，在愛情做個強者，那個強不是強勢、也不是強迫，而是讓自己成為那個無論順境逆境都敢於承擔的人，無論是承擔爭吵的痛苦，或者是承擔「想一直溝通」的困難，被誤解、被辜負，只是踏入溝通之路的一些小石子，那是必然的，不要將那些當作感情的傷害，而是看成「必須溝通的問題所在」，降低受傷的心情，換個角度想想，我還可以做什麼，並且持續去理解對方到底在想什麼，他在表達什麼，我是否有能力讓他理解我想表達的，這些都是為了關係，而不是要宣洩情緒。

當然，有時在逆境時，你會發現對方可能不是你所想像那樣的人，甚至感覺他並沒有好好愛你，當你需要支持、需要鼓勵、需要幫助時，他可能毫無所悉，可能無動於衷，這會讓你灰心，喪氣，甚至感到心寒，但這也是重新認識了解對方的機會，甜蜜時的理解與挫折時的理解不同，但要全面去看待一個人，而不是一時一刻的判斷。過去的付出也必須被衡量在內，我們往往會在關係受挫的時候抹煞一切，忘了對方曾經的付出，我們在低落的時候鮮少想到，對方可能也受困其中。

相愛，就是無論如何都不只是站在自己的角度想事情，不管發生什麼事，都得再從兩人關係的角度去重新審視一次，這樣你就比較能夠體會另一個人的感受，你的工作、家庭、事業、交友都很重要，但這些也同樣都會影響到我們的另一半，在作任何決定之前，要把對方也考慮在內，這不是要你不要做自己，也不是說你不能為自己作決定，但，光是嘴上說愛，卻沒有將對方放進你的生涯規畫裡，很難實踐愛情。

每次當我感覺被誤解的時候，我總是會想，那麼我就真的理解他嗎？當我只是單方面覺得「我都快累死了，能不能多體諒我一點」的時刻，我也會想著，為什麼我總是這麼忙，這樣的狀態是否有能力為他人付出，我還有沒有辦法調整自己的生活方式、工作狀態，我是否只是專注在自己的工作裡，我擁有一段關係，但我到底為這段關係付出了什麼。

而這些，都需要說出來。即使是忙得頭昏腦脹，也要努力讓對方知道，我仍在努力，再給我一點時間，我會改善。

不管身處什麼狀態，不要賭氣，不要逃避，不要放棄，只要還有意願在一起，就不能放棄溝通，不能任由關係裡的裂痕繼續擴大，沒有誰贏誰輸，誰讓步、誰主動，關係是兩個人的事，不需爭輸贏，鼓勵自己做一個獨立自主的人，同時也期許自己既能獨立、還願意付出，你可能會問：「如果我都那麼強，還需要愛情做什麼」，但我要說，真正的強者才有能力去愛，因為愛不是需要，而是給予，愛不是只期待依靠，而是有能力承擔關係裡的重量，並且作出對彼此最好的選擇。

溝通吧，戀人們，這是保持愛情最好的方法。當什麼都說不出來的時候，不知道要如何開口的時候，千言萬語，那麼就先好好擁抱著他吧！試著去感受他的溫柔、他的重要、他對你的意義，這個人是世界上你自己選中的人，能不能繼續走下去，要靠你自己來努力。

—你可以穿過那些謊言，找到自己的真實—

使人受傷的不是謊言，而是你如何看待謊言，如何看待一段正在發生變化的感情，人生無常，愛情無常，被欺騙的痛苦，也比不上自欺與失去希望的悔恨。

過往的感情遭遇裡，曾經幾次發生過自己出軌或對方出軌的情況，我自己是一外遇就立刻被發現，每次說謊馬上就會被揭穿，重複的事一錯再錯，絲毫沒有改善我的處境，也沒能讓自己更快樂。

面對對方的背叛，我都是事態嚴重到不可收拾才發現的，當時我曾經悲傷痛苦，不懂自己為何被騙，事後回想，我發現有太多訊息我根本沒有察覺，或許對方早就希望我拆穿，我的遲鈍也造成了我們彼此的痛苦。

為了避免無謂的痛苦，我和阿早的共識是，無論如何都希望可以坦承以告，「如果對方想離開，絕對不用任何方式阻攔」。因為希望情人對你誠實，你也要展現出「我是能夠承擔事實的」「如果你愛上別人，我可以接受分開」的態度。一方面希望別人誠實，一方面卻又不斷暗示「如果分手我會活不下去」「如果你喜歡上別人，我寧願死」，「沒有你我要怎麼辦」，這些充滿勒索性質的暗示，最後可能造就的就是背叛。

有讀者問我，曾經被欺騙是否對你造成「無法信任別人」的陰影呢？我想，是那些謊言使我深思，「會不會是我自己對於正在發生的事視而不見？」，

「是什麼情況導致對方必須對我說謊？」我會不斷思考「謊言究竟為什麼使我們受傷？」，以及「人為什麼要說謊？」「到底是什麼原因使得人必須過著兩面生活？」，謊言曾經使我受傷，但通過那些傷害，我更希望我自己不要輕易處在「懷疑」或焦慮於「被欺騙」的情緒裡，經歷過謊言的傷害，我更希望自己不要自欺欺人，不要將事情只簡化為「你欺騙我」「我受傷了」這種二分層次，我總認為即使在被欺騙的那段時間裡，也不能說我們還在繼續的關係就是假的，還感受到的愛就不是真的。對方要用什麼方式對待我，不是我可以選擇的，我能選擇的還是相信我自己的判斷，盡可能不落入懷疑，也不做出要檢查對方隱私的行為，這是我喜歡的愛情方式。因為感情的世界裡，是非並不是那麼簡單的黑白二分。我無法阻止他人欺騙我，但我能作的選擇是，不論在何種情況底下，都不違背自己的信念，我不跨越那條底線：「無論對方做了什麼，我絕不任意侵犯他的隱私，我不動用感情勒索，不控訴、不懷恨、不毀滅自己或對方、不演出八點檔的你死我活劇情。」我與阿早的愛情，最核心的理念就是這一條。

我可以理解當你愛上的人「就是讓人無法信任」，那種不安的感受，一直處於「唯恐他會劈腿」「就是隱隱地感覺最後會被傷害」的痛苦，當愛情裡被「懷疑」滲透，簡直就像中邪、或慢性中毒似地，怎麼都甩脫不了，最慘的是，最後恐怕還會預言成真，於是有些人會尋求朋友的意見，甚至卜卦、算命、甚至找上通靈人士，用星座、八字、紫微、塔羅，一次一次演算著「他究竟會不會傷害我？」「我們的感情會有結果嗎？」或者在生活裡每天每天不斷像偵察人員似地，檢查發票、偷看訊息、甚至逐一清查可能的危險。

如果詢問我的意見，我會說：「不要做那些事。」回到根本來說，從一開始做那些事，無論是卜卦算命，或是蒐證偵察，已經開始預演了「將來可能會出事」的戲碼，甚至會一面倒地趨向於那個結果，如果你想要的是兩個人繼續好好地相處，應該把時間跟力氣放在「認識」與「相處」上。當懷疑出現時，回過頭來，可能必須詢問自己的是，「你到底想要什麼？」你想要的是靈通人士給你一個保證，這段愛情談下去不會白費，或者某種神祕演算早早讓你死了心放棄，才不會浪費青春與光陰，才有機會極早遇到「真正對的人」嗎？但這些答案，我認為自己心裡是最清楚的，未來無法預知，可以預知的都是因為現在的作為導致的結果，如果光憑兩人的相處，憑你對對方的認識與理解，無法確定他是否可靠，是不是可以好好交往的對象，那麼若不是這段感情出了問題，就是自己的內心出了差錯，靈通算命所給予的，可能更多都是透過你的不安反映出來的結果。至於蒐證偵察，可以給予什麼保證呢？「可是我不想被騙！」你可能會這麼說，於是，害怕被騙比認真去愛的力量大多了，那麼如果查出對方確實有詐，就會比較開心嗎？「至少會比最後一個知道來得好。」你可能會這麼想，但對我來說，那些花費在偵察上的時間與心力，以及你因為懷疑所變成的樣子，極有可能使你得到比被騙更難過的結果。

信任不是對方說什麼都信，也不是自欺欺人，更不是一股腦將自己的前途、未來、以及人生的幸與不幸都拋給對方承擔，彷彿自己是最無辜的人，「都是因為我信任了你！」，信任是一種能力，這種能力必須自己承擔結果，這種能力需要培養，你必須在相愛相處的過程裡，分辨自己沒有過度美化對方，你不能將感情看作最後的救贖，「信任」只是就兩人真實相處的情況，就你對他所感知、理解的程度，相信人的善意，以及自己的善意，願意尊重對方的言行，倘若一開始就覺得對方不可信，那麼，也可以在一開始就決定放棄，這不需要蒐集證據，只是選擇而已。當然，你可能天性多疑，在信與不信間，需要一些過程，這就要看你想要的是什麼樣的愛情，以及透過你選擇的對象，你正在談的戀愛，深切地認識到自己的缺乏、追尋，與內在真正渴求的是什麼，安全感不是別人可以給的，但老是往火坑裡跳，要問的不是為什麼愛上的都是人渣，而是自己內心是否渴望著什麼火坑裡才有的事物。只有你自己，才有能力幫助你不再選擇火坑。

一次的挫折絕對不應該讓你失去對所有人的信心，「我再也無法信任人了」是句任性的話，表示你不願意改變與成長。使人受傷的不是謊言，而是你如何看待謊言，如何看待一段正在發生變化的感情，人生無常，愛情無常，被欺騙的痛苦，也比不上自欺與失去希望的悔恨，漫長的人生裡，談幾個戀愛，快樂有之，痛苦有之，只能一併承擔，誰都無法應允你渴望的天長地久，但你總是可以從過往的經驗裡，至少成長那麼一點點，無論是快樂或痛苦的經驗，不要以結果反論愛情，與其活在擔憂、懷疑與恐懼裡，更應該培養的是面對挫折的能力，大多數的人勇於去愛，卻很少想過自己是否也能力面對失去，我們呼喊著要誠實，卻甚少想過自己是否培養了彼此坦承的能力。我們期盼彼此相知，那麼就不要製造相互欺瞞的關係。不要選擇說謊成性的情人。

最終，我們只能幫助自己成為勇敢的人，並且有能力去選擇同樣有勇氣的人（同時也有能力放棄無法作出承諾、無能處理問題的人、懂得避開沒有愛的能力的人），無論是敢於去愛，或者敢於承認不愛，敢於面對失落，也敢於承擔挫折，最重要的是，「你可以選擇自己要怎麼做」，這些都是神靈無法給予的力量，倘若這些你都做了，最終不可避免的謊言還是來臨了，你會知道那不足以殺死你，那不過是一些人們因為各種理由而說出來的話語，那不是為了傷害你、毀滅你而產生的東西，你可以穿過那些謊言，找到你要的真實。

戀人間哪方面的契合最重要

許多人在戀愛時會列舉很多條件，希望對方符合自己的期望，但卻鮮少認知到，愛情裡最重要的契合是對待愛情的觀念的相合。

之前的文章裡我常寫到跟阿早什麼都不合，他寡言、我多話，他優雅、我躁動，他做事井井有條、我生活上丟三落四，他是打開冰箱就著剩菜就能變出一桌子美味佳餚，我是煮個泡麵也能把流理檯弄得亂七八糟，他是個生活美學家，我是個生活白癡。最初同居時，為了生活細節的磨合不知爭吵過多少次，經過多年的調整，總算找到平衡之道，爭吵變少了，更多了默契。認真細想，即使是截然不同的兩個人，愛情可以維繫這麼多年，感情越來越深厚，我們一定還是有些可以契合的地方，比如兩人都喜歡吃蔬菜，飲食大多清淡，都注重吃早餐，所以一起用餐非常愉快。我與阿早生活都簡單，都很戀家、社交少，也較少出去玩樂，我是因為在家寫作必須長時間在家裡，長久以來習慣了這樣的生活，而阿早是因為害羞，喜歡僻靜，放假日我們一起待在家裡的時間多，即使共處一室也盡可能讓彼此都感受到近乎獨處的自在，各自享受在家的靜謐時光。

我們還有什麼相近的地方呢？都喜歡看網球賽，喜歡聽音樂，還有呢？一時間想不起太多，但能夠在一起這麼多年關係依然融洽，是因為我們有許多關鍵之處是很契合的，那個關鍵處是「對待戀人與伴侶的態度」，我們的相處就是幾句真言：「獨立自主」「絕對尊重」「給彼此空間」「誠實」「不勉強」，舉凡個人的交友、活動、喜好，都自己安排，對方有興趣的就一起參加，自己一個人去也很快樂，需要對方的幫助就會提出，對方無法做到也不會太失落，因為都是很獨立的人，相處並不黏膩，對於各種紀念日、情人節、甚至生日等的送禮與慶祝也都不講究。對我們來說，自然地相處、把平常日子過好，比慎重地慶祝節日更為重要，因為兩個人都這麼想，自然也不會有誰覺得誰不夠浪漫的問題。

相處日久，我們漸漸摸索出心得，對彼此的要求很少，所有的付出都是主動、自願的，不會因為要求少就冷落對方，無論彼此工作狀態如何，一定都會把相處時間列在生活要項裡，但因為是喜歡相處才相處，不是為了責任或需要，沒有誰強迫誰，誰要求誰。

即使是最親近的人，也讓彼此保有自己的隱私與個人空間，我們不會去偷看對方手機的訊息，也不會時常追問「正在跟誰聊天、傳訊息」，因為需要說的時候自然就會說，想要知道的事也可以大方詢問。阿早有些朋友我沒見過，但因為時常聽他說起，也覺得很熟悉。我有些固定的聚會他因為上班或打球很少參加，但聚會時大家都會問候他。我們關心對方，但不緊迫盯人。

還有一項相處時必須注意的，那就是對於彼此的事業絕不干涉，但非常支持，對共同生活的態度也是如此，「不干涉，但非常支持」，聽起來似乎很矛盾，但只要掌握「每個人都是獨立的個體」「即使在愛情裡也要讓自己成熟獨立」這兩項基本原則，尊重各自的工作，也尊重對方的隱私，尊重他的交友、人際關係，尊重對方有不想說話的自由，也有想要獨處的需要，愛情使我們親近、但不代表我們就是一體，即使我們同心，也不表示對方就是我的。

還有另一個重要的觀念我們是一樣的，就是都認同「愛情不能勉強」，「當有一方不願意繼續關係，就好好地分開」，無論交往多久，都抱持著這樣的基本態度，兩個人自願主動地在一起，也自願主動付出，若有那天到來，我想我們都盡力了，就不會遺憾。更不會有什麼怨恨、傷害、報復之類的舉動。

許多人在戀愛時會列舉很多條件，希望對方符合自己的期望，但卻鮮少認知到，愛情裡最重要的契合，並不是興趣、喜好、專長、個性的相像，卻是對待愛情的觀念的相合，我認為，個性、生活習慣、生活方式不同的戀人，只要能保持感情觀與價值觀的相近，那些性格與背景的不同就會因為尊重、包容、給予空間，自然地變成只是一些「需要找出方法去調整適應的問題」，戀愛是「心」的事，重要的是心合，而不只是表面的融洽，當你們墜入愛河，除了談情說愛，更多時候應該討論的是彼此對愛情的觀念是否相通，你們是如何看待愛情？在這些相處的過程裡，你會知道對方是不是控制欲很強、占有欲太高？是不是非常習慣地介入你的各種事物，認為這一定是要一起分享的事？對方是否將愛人當作所有物，視作「理所當然」，對方有沒有在一開始就用感情勒索（沒有你我會死，我一天都不能見不到你，或者打電話找不到人就會狂打幾十次），發生爭執時，對方有沒有暴力的行為？威脅的語氣？他是如何處理衝突，而你又是如何面對衝突？當發生失望的事，他有沒有動輒怪罪於你，是否時常勉強你做不願意做的事？

在這些累積感情的過程，我們也要自我整理，去面對自己的嫉妒、猜疑、沒有安全感，而不是將這些情緒轉嫁成「緊迫盯人」「時時偵察」「要對方反覆證明」。另一個需要注意的，是你們對關係的看法有沒有同步，你覺得你們在交往了，對方卻只覺得在約會。你期待可以結婚，對方卻是即時行樂派，覺得未來之事不必多想。你覺得兩人關係日漸深濃，對方卻覺得「感覺淡了」。你希望是一對一誠信的關係，對方卻認為身體是我的，不想要束縛。

這些觀念不同才是對關係最具殺傷力的。

當你發現自己與對方感情觀不同時，就是該重新思考你們關係的時刻了，要逐一地討論，勇敢地辨明，你們能否理性地討論這些事，也是你們關係的考驗，不要動輒提到「這樣就是不愛我」，而是要更深刻地認識這個人，也讓他認識我，重新地評估兩個人的關係有無進一步發展的可能，要如何克服這些這些關鍵性的差異，因為這些關鍵的歧異，現在不好好處理，將來就會變成關係致命的傷害。

而即使經過認真的討論、溝通，有時也無法讓你們的愛情繼續，很可能在這些深入認識的過程裡，你或對方會發現，「我們之間還有愛，但這不是我想在一起的人。」出現這樣的想法很自然，因為愛情是有許多階段的，有時不進則退，所以需要時常認真地檢討，真實地辨明，「我們現在的愛與關係處在什麼狀態，要如何面對將來？」。覺得這些根本的不合無法繼續當戀人，好好說清楚就可以，毋需感到罪惡，愛情必須兩方都情願，否則無以為繼，這種心甘情願的事，在發現無法同行之後，應該要能夠接受和平分手。倘若對方一時無法接受，希望再給彼此一些時間努力，只要雙方都願意，當然也可以繼續。但重點是不要互相勉強，也不要自欺欺人。

愛情裡最重要的契合，是彼此都願意在這段關係裡學習愛人，努力成長，沒有因為愛情而盲目、變得醜陋、自私，因為愛著彼此而願意接受那些不同，因為真心愛著一個人，而認真發現愛的可能，自己的可能，以及對方的可能。即使你們有那多不同，只要對愛情的觀念一致，都願意認真理解彼此的差異，這些不同會使你們的愛更豐富，即使來自天南地北兩個人，只要你們的方向是一致的，調整步伐，就可以一起繼續走下去。

無論相愛的路能夠走得多遠，都期許自己，相處時萬分珍惜，分開時好聚好散。能夠坦然面對失落，才能真正敞開心懷、投入愛情裡。

為了愛而開始的旅行

我們以為要到遠方去，愛情才能常保新鮮。在家也好，外出也好，戀人們經常要在路途上，才會發現，就是那個回家的動作，確認了愛情的方向。

阿早放假日，我也放個假，兩人一起討論旅行的計畫，什麼時候出發，去哪呢？找機票，訂住宿，距離上一次沒有任何工作而出發的旅行，是二〇〇九年我們重逢時一起去花蓮，但仔細想想，那次我還是郵寄了一箱文學獎的長篇小說稿子去民宿看稿。

這些年來我們一起去過好多地方，我若不是去演講、開會就是去打書，旅途上我總是在忙，甚至比待在台北時更忙碌。對我來說，出遠門意味著加班，旅行是雙倍的勞碌。

「要花很多錢，你真得捨得？」阿早說。

「我們都沒有純粹出國去玩，這麼多年來一次也沒有。」我說。

「花自己的錢買機票訂飯店，你很心痛吧！」阿早又問。

唉呦，痛。

好像光是這個句子就可以讓我心痛似地，我摸摸胸口，好像真的有點痛痛的，多年來節省度日習慣了，為自己買點什麼、有什麼奢侈娛樂，對我來說已經變成了很困難的事，實在是因為以前太苦了，年少時家裡欠債，成年後我為了寫作一直處在貧困邊緣，真的是每天都活在被錢追趕的處境裡，以往我最怕接到家人電話，父母總是因著各種問題，三萬五萬要我寄回家，於是這兩年我自己經濟狀況改善了，爸媽也領退休金了，但我還是習慣有什麼多餘的錢都攢下來，我總是擔心隨時會有什麼狀況出現，急需大筆用錢。

我雖然對自己這麼嚴苛，對家人卻很大方，只要家人有什麼需要，二話不說立刻匯錢過去，買給爸媽的東西也都毫不手軟。前段日子我弟媳生下第一個寶寶，年輕的他們在大城市裡討生活艱難，家裡還多了一個小寶寶，我感覺自己責任更重了。

「真的要去？」阿早問我。

「要去。先訂了再說。」我用破釜沉舟的決心說。

下午我們出去走走，沿途上兩人都還在拿自己的摳門開玩笑，阿早需要打球的外套，我們去運動用品店逛，看來看去，也下不了手，阿早買東西非常謹慎，總是想了又想，看了又看，他不輕易買，也不隨意買，得找到真的喜歡、需要、合適的，才會買下，買了之後就很愛惜地用，他很少買到不合用的物品，總是物盡其用，到最後才很謹慎地送進回收箱。

我們去逛書店，先看看旅遊書吧，他說，「看了旅行書，到最後說不定真訂了機票又退回，感覺也像是去過那兒了。」

「又不是麥兜。」我說。

「麥兜更可憐啊，去了太平山，還以為是馬爾地夫。」他說。我們就聊起了很喜歡的動畫片麥兜的故事，那真是悲傷的窮人孩子的故事啊。

我也是窮人家的孩子啊，雖然始終脫不掉窮酸的氣息，但我內心深處其實為自己仍保有的這份窮酸儉省感到可貴，雖然早已脫離赤貧生活，但作為一個創作者，也難確定生活有什麼保障，我希望自己不管如何還是有能力過著最低限度的生活，不把奢華當作理所當然的目標，那麼任何靠著自己能力到手的東西，都會變得無比珍貴。我內心仍有聲音在說，不管什麼生活我都可以過下去，寫作就會變得自由。

「說不定最後你會說，還是去通霄住兩天就好了。」阿早說。

「可能會改去花蓮。」我笑道。

那也都很好啊，那都是我們很喜愛的地方。

但我還是會自己花錢跟阿早去旅行啦，因為這不是不為什麼而去的旅行，是為了愛而去的旅行啊，我想去日本，不帶任何工作，可以聽阿早說日文，兩個人傻傻一起度過好幾天。

機票酒店都訂好了，我們四月要去金澤！

昨晚訂了機票後，我們去吃晚飯，再慢慢散步回家，雨濕的街頭，空氣似乎變得乾淨了，也或許是因為終於把旅行的事項辦妥，心情安定了些，兩個人在路上走著，好像就要出發去玩了似地。

「今天為什麼穿得像青蛙一樣？」阿早問我。

我只是穿了綠色上衣而已，「因為要去玩了啊，我現在也是旅蛙。」我傻笑說。

「其實出遠門我很累啊，要查機票，訂住宿，你什麼都不會，又沒有方向感，這些事都得我來做。」阿早說。

「謝謝你啊，辛苦了，這次我也要做功課，回家我要開始來研究一下金澤。」我笑笑求饒。

咦。我發出納悶的聲音。

「你又看到什麼了。」阿早問。我們路過了一個滷味攤。

「不是你以為的那家啦！」他說。我以為看見了我們喜歡吃的阿伯滷味攤，但根本是不同方向，所以我沒說出口，只是咦了一聲，還是被發現了。

「你真的完全沒有方向感！」阿早驚叫。

「你應該很習慣了啊！」我說。

「沒辦法習慣啊，每次你都刷新紀錄。」阿早說。

我三十歲的時候常常一個人去旅行啊，自己瞎矇瞎撞也都很順利地回來了。我很想抗議地說，但那些完全不做功課的旅行，全憑運氣，沒什麼好拿出來說嘴的。

我知道這樣不好，但我很喜歡把命運交到阿早手上的感覺，這些事要是讓我操辦，肯定是不一樣的結果，我當然也可以做啊，結果就是大冒險跟大驚奇，讓阿早心驚膽顫。我曾經負責訂票，訂了高鐵票台北台中來回兩人份，結果到了高鐵站才發現我訂的是兩週前的票，過期早就作廢，而且是來回票啊，只好全部重買，那才真叫心痛呢。所以只要跟阿早一起，這些事他都會確認再確認。

我喜歡看他很專注地在查資料，很神奇地在各個網站比較，妥貼地把每個環節處理好，那種謹慎跟仔細，那時刻我認真知道我們是天南地北或者說根本是兩種不同成分組成的人類，這樣的我卻愛上這樣的他，或者該說，他會喜歡我這樣的人簡直是太奇怪了，我做什麼都是瘋瘋癲癲的，他卻是那麼細心謹慎的人。

「你怎麼會喜歡上我這種人？」我笑他。

「你以前沒有這麼可怕。」阿早說。

我們牽著手走回家附近的小巷子裡，家就在前面了，我們應該更常這樣出去走走的，這麼天南地北地閒聊。

家就在眼前了，推開門，小小陽台上的植物慢慢生長，貓咪在紗門前等待，屋裡的一切都是我們的。我們卻以為要到遠方去，愛情才能常保新鮮。

在家也好，外出也好，戀人們經常要在路途上，才會發現，就是那個回家的動作，確認了愛情的方向。

我們都不知道「這個人」是不是就是「那個人」，
我們也無法確定「這次到底是不是真愛」，
可以把握的，也只有自己清醒而堅定的心，堅定地讓自己走向
「無論如何都以愛為出發點」「愛是自由」「愛是祝福」，
愛是兩人努力的學習，是一點一滴的練習。

終章　愛的低語

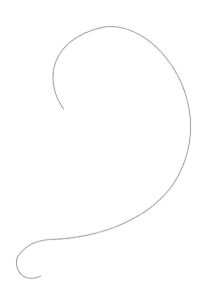

謝謝你這樣愛我

所謂的承諾是對自己的，而不是要求對方，此時緊緊握住的手就是真實，愛情關係裡最重要的一點，是建立在彼此自願、主動的基礎上，被握緊的手或許也有被放開的時候，諾言也有無法兌現的一天，我總相信，愛最重要的意義不是天長地久，不是一生一世在一起，而是無論在一起多久，相愛相處的每一天，都讓自己與對方自由，幫助彼此獨立，並且在這份獨立、自由、自主的基礎上，盡可能地理解、支持、愛重彼此。不是盲目付出，更不是為了害怕失去而給予，只是自然地互動，自然地關懷，不透支自己，也不縱溺對方。讓兩人都在這份愛裡成長。

無論結果如何，沒有怨悔。

。

或許要經過漫長時光，你才能真正體會到，過往那些分離、悲傷、背叛、痛苦，看似傷害，卻可以讓你認識自己，使自己成長，並且有機會遭遇更成熟、更美的相遇。

。

世界那麼大，我們那麼渺小，
但兩個渺小的人，因為相愛，可以產生巨大的力量。

。

有時相敬如賓。
有時相親相愛。
一直相知相惜。

。

謝謝你這樣愛我。

謝謝你愛著這樣的我。

簡單愛

我談過許多坎坷的戀愛，即使用盡力氣也無法順遂的愛情，有時是愛得太晚，有時愛得太早，有時距離太近，有時距離太遠，天時地利人和都不站在你這邊，但更多時候是因為我還不懂得如何好好去維持一份愛情。

有時我會突然想起我與阿早之間是一份異常簡單的愛情，或許因為我們都已歷盡滄桑，但求簡單平靜，在這樣的時刻，這樣年歲，我終於不再是「跟誰都無法好好相處」的人了。這念頭使我激動想哭。

那是很奇異的感覺，你似乎不是從前的你，又好像終於接近了你自己。

。

我們都不知道「這個人」是不是就是「那個人」，我們也無法確定「這次到底是不是真愛」，可以把握的，也只有自己清醒而堅定的心，不是盲目的努力，也不是一味的糾纏，或一廂情願的認定，而是堅定地讓自己走向「無論如何都以愛為出發點」「愛是自由」「愛是祝福」，愛是兩人努力的學習，是一點一滴的練習，但倘若對方要離開，也帶著祝福的心念使他自由。

那麼無論如何，不管發生什麼，都保護了自己那份想要愛的心願，經歷了一次愛的學習，這些都不會白費，相信愛也擁有愛的能力的人，不害怕沒有可愛的對象。

。

你總以為時間會沖淡些什麼，以為日常會磨損了愛情，你曾以為要如何怎樣才叫刻骨銘心，漫長時間過去，後來你才看到一種淡薄如夜雲的愛，那根已經種下很深很深，卻又薄得如同浮在水面上一樣。

他只是輕輕說一聲：「你回來了啊！」你回說：「對啊！」

彷彿那就是永恆的回答。

。

堅持不是約束，承諾並非捆綁，曾經相愛不表示必須永遠愛你。一段愛情能夠繼續下去，是兩人自願、主動地想要繼續相處、相愛，於是，那些用哭鬧、威脅、勒索、哀求，勉強維持下去的愛情，很早就只剩下一個人置身其中，剩下的只是責任、道義或者無奈。這不是你要的。你想要愛人，想要被愛，想要兩個人真心真意地相處，做一對真正的戀人。但人家不要了，他要離開了。

道理你都知道，「可是我放不下。」

我想告訴你，這不只是放不放手的問題，這是你想要怎樣的人生，能否悍然堅強起來，從弱者、依賴者、被遺棄者的身分轉換成真正堅強的自己，重要的關鍵。

能夠開始一段愛情，也要有能力妥善去結束。

走出鬼打牆的惡性循環，跳出那個泥淖，繼續你自己的旅途，有能力愛人的人，就有機會去愛。

愛情是面鏡子

為什麼明明很獨立，一談起戀愛就會變得依賴？為什麼明明很大方，面對愛人，眼中卻容不下一顆沙，總是不懂愛情的力量為何一開始讓你覺得自己好美，好有魅力，世界非常美好，但不多久後，陷入愛中卻又讓自己變得糟糕，多疑，猜忌，小心眼，動不動就發脾氣。

更奇怪的就是兩個人一開始的熱情、快樂、甜蜜，隨著時間經過開始滲入雜質，爭吵、計較、不合，什麼奇怪的事都發生了。

但是你還愛著他，他也還愛著你，你慢慢意識到愛情不只是一面鏡子，可以映照出自己無法看見的部分，愛情更是一條隧道，兩人一同進入其中，會同時領略到生命中的黑暗處，而且常有無法一同走出來的危險。經歷幾番波折，歷經大喜大悲、小傷小痛，如果你們還在一起，並且依然相愛，你會發覺愛情開始變得像一條河流，而你們在一艘小小的船上共度，開始有了患難與共的感覺，你回想起那些自己的變貌，原來愛情並非原地不動、始終如一的，愛情改變著你，你也因此改變著這份愛，而你的戀人也是一樣地，經歷著這些變化。

愛情使我們認識的，是一個會因為與另一個人親近、密切、深刻互動，還會成長、有可能毀滅、並且也有機會再生的自己，永遠不要因為一時的感受來定義所有，不要因為短時間的遭遇放棄希望，都還有可能、有機會、有變化，而這些那些，談一段如何的愛情，都是你可以創造、決定、選擇的。

。

還是那麼不安啊你，有的是不安分，有的是不安心，有些人則是因為不安心索性不安分，有些人是因為不安分導致不安心，要把一顆心安住，已經很困難，要讓兩顆纏繞著的心感到安全、安定，更是難上加難。

但是懷疑沒有用。擔心沒有用。吵鬧沒有用。這些反而會攪動那無法安住的感覺，反讓彼此心生嫌隙，做出自己懊悔、對方失望的事。

「可是他的過去如何如何。」「但是他現在跟誰怎樣怎樣。」「我有朋友在一起十年還不是劈腿分手了。」

但那不是不安的理由。

接受愛情的無常變化，所以珍惜還能在一起時的親密，坦承，盡可能地努力溝通，卸下防衛地去親近對方，設法理解彼此。這些都不是保證愛情永遠順利的方式，這些只是讓我們學習去愛，並且真正能夠愛到彼此的方法。

但對方如果並不是已經準備好要進行這樣的愛情，吵鬧也是沒用的，愛情是兩個人主動、自願、並且自由的結合，所以有些感覺不是不安，而是了解愛情必須要兩人同行，當彼此走上不同的道路，也只能分道揚鑣。

然而還能在一起時，不要讓心裡的「不安」把步伐弄亂了，不要因為對未來不安而失去了現在。

當不安飄動，你只是凝視它、靜看它，看它透露的訊息，看它映照出你的模樣，看它如何提醒著你，你的愛情處在什麼狀態，你是以如何的心情在這份愛裡。你能夠如何去正視、並且使它變得有益。
然後試著讓不安成為「改變」而不是「破壞」的力量。

愛與關係的可能

一直以為自己是個我行我素的人，直到戀愛，才發現自己在愛裡是多麼容易屈服，甚至，還為這樣可以使自己屈服的人感到心醉。以為愛裡就應當有一種感覺叫做「忘我」。

愛情變成一種惡性循環，我找到一個人，屈服在愛裡，最後又因為這份屈服帶來的痛苦而逃離。

可能要經過很多次的撞牆、心碎、後悔，才知道愛情裡那種忘我的現象，只是暫時，是一種情調，應該要是暫時的，而且必須有所節制，可以使你屈服的人，不能因此控制你，而自己更應當清楚，渴望強者作為情人，只是一種依賴的心態，建立一份健康的關係，必須要是對等的，無論一開始強弱如何、個性如何，誰占有優勢，進入關係後，還是要練習不讓這些強弱優劣變成關係裡的主宰，甚至要有意識地對抗習性，要幫助彼此強大起來，要練習彼此正確表達意見，要讓對方有空間發揮自己，也要收起習慣性控制、主導、甚至不由自主想改變對方的念頭（反之亦然）。

屈服在愛裡，但不屈服在軟弱，不屈服在暴力、勒索、控制以及似是而非的「如果不怎樣怎樣就是不愛我」，不屈服在所有「以愛之名」行使的傷害。愛使我們屈服的，只是感知到那份力量的強大，使我們更願意勇敢，堅持，更深刻凝望自己，有能力看清楚對方，我們先是為愛屈服，繼而從愛的過程中，學會了不屈服。

。

時間為戀人帶來的，絕對不會只有熟悉之後的「習慣」「依戀」甚至變成「習以為常」與「日漸衰敗」，深入這些生活細節之中，這些日復一日再熟悉不過，可能的重複之中，有些很細微的轉動，逐漸改變著我們，因為這些每天日常發生的，雖然重複，卻並不陳舊，倘若我們總是牢記著這些牽手、擁抱、凝望、陪伴，不但是相處，更是構築共同生活重要的細節。每一次的微調都代表著更深入對方的生命。

要在生活裡努力將愛實踐。

溫柔相待。

。

沒有人是不值得愛的，但任何愛的付出都與回報無關，不以結果去計算。有些愛情到後來走不下去了，只是選擇問題，我們可以自由選擇「離開關係」，「分手」，也可以自行感受「那根本不是愛」「不值得」「被騙了」……「受到嚴重傷害」。

沒有繼續愛下去，無法繼續信任，甚至變成反感，到了「過去一切根本是一場噩夢」的程度，都讓人傷心。愛錯了對象，知道這段愛情無法繼續，甚至不該開始，有太多可能，然而我想說，愛過就是愛過了，珍貴的是那段愛過的時光，即使後來知道充滿謊言，但倘若那其中還有一份真摯，儘管只是一點點也好，都是那份愛存在過的證明。不用因為曾經那麼快樂而羞愧、甚至反過來痛恨，那種快樂即使建立在欺騙上，對你來說也還是真的。

只是，我們不要虛假的關係，即使依然深愛，還是可以選擇，於是作出了選擇，離開，放棄，結束，走遠，但我希望你不要去恨，不要清洗記憶，不要強迫自己遺忘。

遺忘總是會來臨的，甚至比你期待的來得還要快，遺忘並不是失憶，而是某天醒來，那份傷心、痛苦、深愛、狂恨都褪色了，淡淡的，彷彿影子一樣。但他可能還在你心裡某處，只希望不要變成創傷。

人是那樣地複雜，愛又怎可能不複雜，可能會愛上說謊者、背叛狂、軟弱、自私、輕率拋棄的人，但沒有人是不值得愛的，只要你付出的是真摯的愛，不要求回報，不計較得失，而且知道如何去做對彼此最好。即使最終你收回了這份愛，或者這份愛消失了，你愛過，你有能力去愛，並且沒有因為這份愛而傷害他人，傷害自己，即使在痛苦的經歷裡，這份開始得美麗、結束得殘忍的愛，也會在許久之後，讓你更加了解愛，理解自己。

INK PUBLISHING 文學叢書 571

當我成爲我們
——愛與關係的三十六種可能

作　　者　陳　雪
總 編 輯　初安民
責任編輯　宋敏菁
美術編輯　黃昶憲
校　　對　潘貞仁　陳　雪　宋敏菁

發 行 人　張書銘
出　　版　INK印刻文學生活雜誌出版股份有限公司
新北市中和區建一路249號8樓
電話：02-22281626
傳真：02-22281598
e-mail : ink.book@msa.hinet.net
網　　址　舒讀網http : //www.sudu.cc

法律顧問　巨鼎博達法律事務所
施竣中律師
總 經 銷　成陽出版股份有限公司
電　　話　03-3589000(代表號)
傳　　真　03-3556521
郵政劃撥　19785090　印刻文學生活雜誌出版股份有限公司
印　　刷　海王印刷事業股份有限公司

港澳總經銷　泛華發行代理有限公司
地　　址　香港新界將軍澳工業邨駿昌街7號2樓
電　　話　852-27982220
傳　　真　852-27965471
網　　址　www.gccd.com.hk

出版日期　2018年 9 月　初版
2019年 2 月 20 日　初版五刷
ISBN　978-986-387-253-5

定價　320元

國家圖書館出版品預行編目資料

當我成為我們——愛與關係的三十六種可能
／陳雪 著；-- 初版. -- 新北市：
INK印刻文學, 2018.09
面；14.8 × 21公分. -- (印刻文學；571)
ISBN 978-986-387-253-5 (平裝)
1.戀愛　2.文集
544.3707　107012918